전기 **나사렛 예수**의 **삶**과 **도덕**

전기 **나사렛 예수**의 **삶**과 **도덕**

펴낸날 2016년 5월 31일 초판 1쇄 펴냄 | **찍은날** 2016년 5월 31일 초판 1쇄 찍음 | **엮은이** 토머스 제퍼슨 | **옮긴이** 조성일 | **펴낸이** 이항원 | **펴낸곳** 소이연 | **전화** 070)7571-5328 | **주 소** 경기도 고양시 덕양구 대장동 329-2 | **등 록** 제311-2008-000019호

ISBN 978-89-98913-08-3 03990

값 13,800원

이 도서의 국립중앙도서관 출판시도서목록(CIP)은 e-CIP 홈페이지(http://www.nl.go.kr/ecip)에서 이용하실 수 있습니다.(CIP제어번호: CIP2016011841)

The Jefferson Bible

소이연

이 책은 내가 진정한 크리스천이라는 증거자료이다. 나는, 다시 말해, 나를 이교도라 하고 스스로를 크리스천이라 부르는 플라톤주의자들과는 매우 다른 예수 교리의 제자이다.

-토머스 제퍼슨

가장 정교하게 쓰인 이야기가 2만5천 낱말로 단순해졌다. 이 낱말들은 토머스 제퍼슨Thomas Jefferson, 1743~1825, 미국 3대 대통령-옮긴이이 복음서Gospel에서 뽑은 아름답고 감동적인 예수의 삶과 도덕에 관한 것들이다. 이 간결하고 숭고한 이야기는 바이블Bible에 생명을 불어넣는 그리스도의 진짜 말씀들로, 바이블의 핵심이다.

미국 민주주의의 아버지인 제퍼슨은 백악관에서 첫 임기 동안, 66권 1189챕터의 77만3천 낱말로 된 신성한 서책Holy Library에서 본질에서 벗어났다고 생각하는 것을 빼고 진짜 예수가 말한 것들만을 분리해내는 작업이 필요하다고 밝혔었다. 제퍼슨은 이 일을 다른 사람들이 해주기를 바랐다. 그래서 그는, 1803년, 벤자민 러시Benjamin rush, 미국의 의사, 정치지도자-옮긴이 박사에게 예수와 고대 철학자들의 도덕적 가르침을 비교한 자신의 연구 개요를 보냈다. 러시 박사에게 보낸 편지에서 제퍼슨은 이 연구의 숨은 의도에 대해 이렇게 말했다.

"당신에게 비밀을 털어놓아야겠소. 내가 말할 때마다 사람들은 새로운 거짓말과 비난을 쏟아내는데, 이들의 악의에 찬 왜곡은 드러나지 않을 것임을 나는 알고 있소. 나는 신앙적 교리를 놓고 대중과 커뮤니케이션하는 것을 매우 싫어합니다. 대중들의 관심을 재판정 앞으로 끌어 모으려는 사람들의 주장을 묵인하는 꼴이 되기 때문입니다. 그리고 법이 정당하게 금지한 양심의 권리를 넘어 대중들의 주장을 의견으로 세우도록 유혹하기 때문입니다. 이것은 양심의 자유를 중요시하는 사람들에게는 스스로 다른 사람들의 양심의 자유에 대한 침해를 막아야 하거나 또는 상황이 달라지는 경우에는 자신의 일이 됩니다."

다른 사람들이 이 일을 하지 못하게 되자, 제퍼슨은 백악관 업무에서 벗어난 저녁이면 늦은 밤 잠자리에 들기 전까지 습관처럼 뽑아낼 말들을 읽으면서 이 일을 준비했다. 농장을 몬티첼로 monticello로 옮긴 뒤, 제퍼슨은 존 애덤스John adams, 1735~1826, 미국 제2대 대통령-옮긴이와 종교적 주제를 놓고 여러 차례 편지를 주고받았다. 1813년 애덤스에게 보낸 한 편지에서 대단히 노련한 이 정치가는 이 일에 대해 이렇게 설명했다.

"단순한 복음서들조차 양을 줄여야만 합니다. 예수가 한 말들만을 골라야 합니다. 예수로부터 떨어져 나온 것들이 잊히거나 이해하지 못해서 생긴 모호함을 없애야 합니다. 이것은 예수의 말씀으로 잘못 생각하는 것과 스스로 이해하지 못한 것들을 다른 사람들이 알기 힘들게 표현하는 것 때문에 빚어진 것들입니다. 지금까지 사람들에게 제공해왔던 도덕적 규칙 중 가장 숭고하고 자비로운 것들만 남겨진 것을 알게 될 것입니다.

나는 나 자신이 활용하기 위해 이 작업을 해왔습니다. 진흙 속에서 진주를 찾는 것만큼 쉽게 구분되고 분명한 예수의 말씀들을 책 속에서 단락 단락 잘라내고, 잘라낸 단락들을 배열했습니다. 옥타보octavo, 46전지 낱장을 각각 반씩 세 번 접으면 8장 16페이지가 되는데, 이 종이의 크기를 옥타보라 함-옮긴이 크기의 종이로 46쪽 짜리입니다."

이 옥타보 크기는 후에 윌프레드 펑크Wilfred Funk 사에서 인쇄될 때 이 판본으로 확대되었다. 3년 후인 1816년, 제퍼슨은 몬티첼로에서 찰스 톰슨Charles thompson에게 이렇게 썼다.

"나도 같은 자료에서 예수의 철학이라고 부르는 작디작은 책을 만들었습니다. 책에서 텍스트를 잘라내어 시간이나 주제의 순서로 정리한 예수의 교리의 범례입니다. 보다 아름답고 귀중한 이 작은 도덕들은 내가 들어본 적이 없는 것들입니다. 이것은 내가 진짜 크리스천, 말하자면 예수 교리의 신도임을 증명하는 자료입니다. 시간이 있었다면, 내 작은 책에 헬라어, 라틴어, 프랑스어의 텍스트를 나란히 덧붙였을 것입니다."

나중에 제퍼슨은 시간을 내어 4개 언어로 나란히 배열된 책을 완성했다. 이 책은 1895년 제퍼슨의 가족들에게서 구입하여 워싱턴에 있는 미국국립박물관Untied States National Museum에 보관됐다.

"종교에 관해서는 어떠한 것도 쓰지 않을 뿐만 아니라 말하는 것조차 내 자신에게 허락하지 않는다."고 말하던 제퍼슨은 이 책을 출간할 의도가 전혀 없었다. 하지만, 57대 의회가 사진석판술Photolithography로 인쇄된 한정판을 제작하여 상원과 하원의원들에게 나눠주었다. 제퍼슨이 편찬 계획을 세운 지 100년이 좀 더 지난 1904년에 인쇄된 셈이다.

'제퍼슨 바이블'Jefferson Bible이라고 불리는, 정부인쇄소에서 인쇄한 이 책의 초판본 중 한 부는 나의 할아버지인 작고한 클린턴 바비트Clinton Babbitt 하원의원을 거쳐 아버지가 안전하게 보관하고 있었다.

아주 어렸을 적 어느 일요일, 내가 책을 읽어달라고 조르자 아버지는 "세상에서 가장 아름다운 이야기"를 읽어주겠다며 제퍼슨 바이블을 읽어주신 후, 나에게 서재에 있는 수백 권의 책 중에서 특히 이 책을 소중히 여기라고 하셨다. 우아한 목소리를 가진 어머니가 자주 소리 내어 읽어주시던 완전한 큰 성경과 비교해 단순함에 감명 받아 나는 소년시절부터 이 책을 소중히 여겨왔다. 그 후에도 나는 예수의 도덕과 삶의 이야기를 쉽게 다가가 읽을 수 있는 제퍼슨 바이블을 가지고 있었다. 이 책과 함께 방대하게 주석이 달리고 밑줄이 쳐진 364쪽짜리 어머니의 닳아빠진 성경도 소중히 여겼다. 예수의 말씀이 나온, 가장 닳고 읽은 흔적이 표시된 매우 친숙한 페이지들을 대하는 것이 흥미롭다. 성경의 표제지에는 어머니가 해놓은 이런 표기가 있다.

"더글라스Douglas에게… 공부하거라…기도하거라…내려놓거라…전도하거라."

나는 이 독보적인 책을 혼신의 힘을 다해 흔하지 않은 명확함과 간결함을 가진 다른 것으로 계속 바꾸어왔다. 또 제퍼슨 바이블에 부족했던- 아름다운 현대 서체에 의한 가독성, 그리고 국립 박물관과 수집가 서가에서의 잠에서 깨어남- 것이 채워지기를 계속 꿈꿔왔다.

여기 제퍼슨 바이블의 영어본을 내놓는다. 이 책은 미국 독립 선언서를 쓴 사람이 16년 동안 복음서에서 가려 뽑아 직접 "나사렛 예수의 삶과 도덕The Life and Morals of Jesus of Nazareth"이라고 이름붙인 것이다.

나는 "이 책을 전한다."

더글라스 E. 루톤

일러두기

1. 이 책은 WILFRED FUNK. INC가 1940년에 초판을 펴낸 『The Jefferson Bible』의 제2판(1941년 2월 출간)을 우리말로 옮긴 것이다.
2. 옮긴이 주는 본문 중에 처리하고 크기를 작게 했다.
3. 이름과 지명은 우리말 외래어표기법에 따랐고, 일부는 관용적 표현에 따랐다.
4. 우리말로 옮길 때 『The Holy Bible』(http://nocr.net)과 『표준새번역 성경전서』을 참고하였다.

차 례

제1장
예수의 출생

시간이 흘러 어느덧 이 무렵, 카이사르 아우구스투스 황제Caesar Augustus, 기원전 63~기원후 14, 고대 로마제국 초대 황제 자리에 올라 '아우구스투스'라는 칭호를 얻은 옥타비아누스-옮긴이로부터 칙령이 내려와 온 세상은 조세등록을 하여야만 하였다. (이 조세등록은 구레뇨Cyrenius가 시리아 총독으로 있을 때에 처음 실시하였다.) 모두 자기 고향으로 조세등록을 하러 갔다.

요셉Joseph, 목수-옮긴이도 갈릴리Galilee의 나사렛Nazareth 마을에서 베들레헴Bethlehem이라 불리는 유대 다윗David의 마을로 조세등록을 하러 갔다.(그는 다윗 가문의 자손이었기 때문이다.)

요셉은 장차 큰 인물이 될 아기를 임신한 약혼자 마리아Mary, 요셉이 아닌 성령으로 임신했다 함-옮긴이와 함께 조세등록을 하였다. 그렇게 해서 그들이 거기베들레헴-옮긴이에 머물러 있는 동안 마리아가 아기를 낳을 날이 되었다.

마리아가 첫 아들을 낳자, 아기를 포대기에 싸서 구유가축들에게 먹이를 담아 주기 위해 길죽한 돌이나 나무를 파서 만든 그릇-옮긴이에 눕혔다. 여관에는 그들이 들어갈 방이 없었기 때문이다.

여드레째 되는 날, 아기에게 할례circumcision, 割禮, 이스라엘 백성을 하느님의 백성으로 구분 짓기 위해 성기의 일부를 절제하는 의례-옮긴이를 하고, 이름을 예수JESUS라고 지었다. 그들은 주Lord의 율법에 따라 모든 일을 마치고 나서 고향인 갈릴리의 나사렛으로 돌아왔다.

아이는 자라면서 정신력이 강해졌고, 지혜로워졌고, 그리고 하느님의 은총을 받았다. 예수가 열두 살이었을 때, 가족들은 명절을 쇠는 관습에 따라 예루살렘으로 올라갔다. 그들이 명절을 다 쇠고 돌아올 때, 어린 예수는 예루살렘에 그대로 머물러 있었는데, 요셉과 어머니는 이 사실을 몰랐다. 그들은 그가 일행 가운데에 있으려니 생각하고 하룻길을 가서야 친척들과 친지들 사이에서 그를 찾았다. 그들은 그를 찾지 못하자 찾으러 예루살렘으로 되돌아갔다.

시간이 흘러 어느덧 사흘째 되던 날, 그들은 성전Temple, 유대인은 신전을 예루살렘 단 한 곳에만 지었는데, 이 유대 신전을 성전이라고 함-옮긴이에서 예수를 찾았는데, 그는 박사들 가운데에 앉아서 말을 듣기도 하고, 묻기도 하고 있었다. 예수의 말을 들었던 사람들은 모두 그의 이해력과 대답에 놀랐다.

그들요셉과 마리아-옮긴이이 예수를 보자 놀랐다. 어머니가 그에게 말하였다.

"아들아, 어찌하여 우리가 이렇게 하도록 만드느냐? 보거라.

네 아버지와 내가 너를 찾느라 얼마나 애태웠는지 아느냐?"

예수는 부모와 함께 나사렛으로 내려와 잘 따랐다. 예수는 지혜와 키가 자랐다.

티베리우스 카이사르Tiberius Caesar, 기원전 42~기원후 37, 로마제국의 2대 황제-옮긴이가 황제 자리에 오른 지 열다섯 해인 지금 본디오 빌라도Pontius Pilate가 유대의 총독, 헤롯 Herod이 갈릴리의 영주, 그의 동생 빌립Philip이 이두래Ituraea와 드라고닛Trachonitis의 영주, 루사니아Lysanias가 아빌레네Abilene의 영주로 각각 있었다.

안나스Annas, 유대의 대제사장 가야바의 장인으로 로마에 의해 직위가 해제됐던 인물-옮긴이와 가야바Caiaphas, 나중에 예수가 십자가에 못 박힐 때 예수를 빌라도에게 넘겨준 인물-옮긴이가 대제사장으로 있을 때, 요한유대의 예언자-옮긴이이 광야에서 세례Baptism, 洗禮, 새로 태어난다는 의미에서 요단강에 몸을 담그는 침례 행위-옮긴이를 주었다. 요한은 낙타 털옷을 입고, 허리에 가죽 띠를 둘렀는데, 그의 음식은 메뚜기와 들꿀이었다. 그때 예루살렘과 유대, 요단강 부근의 사람들이 모두 요한에게 와서 요단강에서 세례를 받았다. 예수도 세례를 받으려고 갈릴리에서 요단강으로 요한을 찾아왔다.

예수가 막 서른 살이 되었다. 이 일예수가 갈릴리 카나의 결혼식에서 부족한 포도주를 물로 만든 기적-옮긴이이 있은 뒤 예수는 어머니와 형제, 제자들과 함께 가버나움Capernaum, 갈릴리 바닷가 마을-옮긴이으로 내려갔다. 그들은 그곳에서 여러 날 머무르지는 않았다.

유대의 유월절Passover, 逾越節, 이집트에서 태어난 유대인의 첫 아기는 모두 죽었는데, 문설주에 어린 양의 피를 발라두면 죽음의 사자가 그냥 지나칠 것이라는 믿음에서 시작된 축제일로, 유대의 최대 명절-옮긴이이 가까워오자 예수는 예루살렘으로 올라갔다. 성전 안에 소와 양, 비둘기들을 파는 사람들과 환전상들이 앉아있는 것을 보았다. 그는 작은 노끈으로 채찍을 만들어 소와 양과 함께 그들 모두를 성전 바깥으로 몰아내고, 환전상들의 돈을 쓸어버리고 테이블을 뒤집어엎었다. 그리고 비둘기를 파는 사람들에게 말하였다.

"이것들을 가져가십시오. 내 아버지의 집을 장사꾼의 집으로 만들지 마십시오."

이 일바리새인 니코데모에게 가르침을 준 일-옮긴이이 있은 뒤 예수는 제자들과 함께 유대의 땅으로 가서 그들과 함께 머무르며 세례를 주었다. 이때 예수는 요한세례자-옮긴이이 감옥에 갇혔다는 소식을 듣고 갈릴리로 떠났다.

헤롯Herod이 동생 빌립의 아내인 헤로디아Herodias 때문에 요한을 붙잡아서 감옥에 가두었었다. 헤롯은 그 여자와 결혼하였었는데, 요한이 헤롯에게 동생의 아내를 차지하는 것은 법에 맞지 않다고 말하였기 때문이다. 그래서 헤로디아는 요한에게 불만을 품었고, 요한을 죽이려고 하였으나, 할 수 없었다. 헤롯은 요한을 의롭고 성스러운 사람으로 알고 있었기에 그를 두려워하였고, 주목하였고, 그의 말을 듣고 많은 일을 하였고, 그리고 그의 말을 기쁘게 들었다.

마침내 좋은 기회가 왔다. 생일을 맞은 헤롯이 영주들과 고위 군인들과 갈릴리의 주요 지주들에게 잔치를 베풀었다. 그때 헤로디아의 딸이 나와서 춤을 추어 헤롯과 그 자리에 함께 앉아 있는 사람들을 즐겁게 해주자, 왕은 처녀에게 말하였다.

"원하는 것이 무엇이든 말하거라. 소원을 다 들어주마."

그리고 그는 그녀에게 "네가 원하는 것이 무엇이든, 내 왕국의 절반이라도 너에게 기꺼이 주겠다."라고 다짐하자, 처녀가 바깥으로 나가서 어머니에게 "무엇을 달라고 청할까요?"라고 물었다. 어머니는 "세례자 요한의 머리"라고 하였다. 그녀는 곧바로 서둘러 왕에게로 와서 이렇게 요청했다.

"세례자 요한의 머리를 쟁반에 담아서 주십시오."

왕은 몹시 괴로웠지만, 이미 다짐을 하였던 터인 데다 함께 앉아 있는 사람들이 보고 있어서 그녀의 소원을 거절할 수가 없었다. 왕이 곧바로 집행관에게 요한의 머리를 베어 오라고 명령하자, 집행관은 가서 감옥에 있는 요한의 목을 베었다. 그리고 요한의 머리를 쟁반에 담아서 가져와 처녀에게 주자, 처녀는 그것을 어머니에게 주었다.

그들예수와 갈릴리 어부 시몬, 그의 형제 안드레, 세배대의 두 아들 야고보와 요한-옮긴이은 가버나움으로 갔다. 예수는 안식일에 곧바로 회당에 들어가 가르쳤다. 사람들이 예수의 교리에 놀랐다. 예수는 율법학자들과 달리 권위 있게 가르쳤기 때문이다.

예수 일행은 안식일을 맞아 옥수수 밭 사이로 지나갔는데, 제자들이 배가 고파 옥수수 이삭을 잘라서 먹기 시작하였다. 바리새인들Pharisees, 율법을 엄격히 따르는 유대인의 한 지파―옮긴이이 이 모습을 보고 예수에게 말하였다.

"보시오, 당신 제자들이 안식일에 해서는 안 되는 짓들을 하고 있소."

그러자 예수가 그들에게 말하였다.

"다윗과 그 일행이 함께 있으면서 굶주렸을 때 어떻게 했는지에 대해 읽어보지 못하였습니까? 다윗과 그 일행이 하느님의 집에 들어가서 먹으면 안 되는, 오직 제사장밖에 먹지 못하도록 되어있는 제단에 올린 빵을 먹지 않았습니까? 또 제사장들은 안식일에 성전 안에서 안식일을 범해도 그것이 죄가 되지 않는다는 율법을 읽지 못하였습니까?"

예수가 그곳을 떠나 그들의 회당synagogue, '만남의 장소'란 뜻을 가진 유대교의 공적인 기도 장소―옮긴이으로 갔다. 거기에 한쪽 손이 오그라든 사람이 있었다. 사람들이 예수에게 물었다.

"안식일에 병을 고쳐 주어도 타당합니까?"

그들은 예수를 고발하려는 의도에서 물었다. 예수가 그들에게 말하였다.

"당신들 가운데 누군가가 양을 한 마리 가지고 있다고 합시다. 그런데 그 양이 안식일에 구덩이에 빠졌다면, 그 양을 잡아서 끌어울리지 않겠습니까? 사람이 양보다 얼마나 더 귀합니까. 그러므로 안식일에 좋은 일을 하는 것은 타당합니다. 안식일이 사람을 위하여 만들어졌지, 안식일을 위하여 사람이 만들어진 것이 아닙니다."

바리새인들이 밖으로 나가서 어떻게 그를 없앨까에 대해 회의를 하였다. 예수가 이 사실을 알고 스스로 그곳을 떠났다. 그러자 많은 무리가 따랐다.

시간이 흘러 어느덧 이 무렵, 예수는 산으로 가서 밤새 내내 하느님께 기도하였다. 날이 밝자 예수는 제자들을 불러 그들 중 열둘을 뽑아 '사도'apostles, '보냄을 받은 사람'이라는 뜻을 가진 그리스어 'apostolos'에서 유래-옮긴이라고 이름 붙였다. (예수가 베드로Peter라 이름을 지어 준) 시몬Simon과 그의 동생 안드레Andrew, 야고보James와 요한John, 빌립과 바돌로매Bartholomew, 마태Matthew와 도마Thomas와 알패오Alphaeus의 아들 야고보James와 젤롯Zealotes, 열혈당원-옮긴이이라고 불리는 시몬, 야고보의 형제 유다Judas와 또한 배반자 유다 이스카리옷Judas Iscariot이다.

예수는 그들과 함께 내려와 평지에 서 있었다. 제자들로 이루어진 한 무리와 그의 말을 듣기 위해 유대와 예루살렘, 두로Tyre와 시돈Sidon 해안가에서 모여든 사람들이 큰 무리를 이루었다.

제2장
산상수훈 I

예수가 무리를 보고 산에 올라가서 자리를 잡자, 제자들이 그에게로 왔다. 예수가 가르쳤다.

"마음이 가난한 사람에게 축복이 있을 것입니다. 하늘나라The Kingdom of Heaven가 그들의 것이기 때문입니다. 슬퍼하는 사람에게 축복이 있을 것입니다. 그들은 위로를 받을 것이기 때문입니다. 온유한 사람에게 축복이 있을 것입니다. 그들은 땅을 상속받을 것이기 때문입니다. 정의에 굶주리고 목마른 사람에게 축복이 있을 것입니다. 그들은 배부를 것이기 때문입니다. 자비로운 사람에게 축복이 있을 것입니다. 그들은 자비를 얻을 것이기 때문입니다. 마음이 순수한 사람에게 축복이 있을 것입니다. 그들은 하느님을 볼 것이기 때문입니다. 평화주의자들에게 축복이 있을 것입니다. 그들은 하느님의 자녀라 불릴 것이기 때문입니다. 정의를 위하여 박해를 받은 사람에게 축복이 있을 것입니다. 하늘나라가 그들의 것이기 때문입니다. 나 때문에 사람들이 당신들을 모욕하고, 박해하고, 터무니없는 말로 온갖 비난을 한다면, 당신들에게 축복이 있을 것입니다. 기뻐하고 많이 즐거워하십시오. 하늘에서 받을 당신들의 보상이 크기 때문입니다. 당신들보다 먼저 온 예언자들도 그렇게 박해를 받았기 때문입니다.

그러나 부자인 당신들에게 화가 있을 것입니다. 당신들은 이미 위로를 받았기 때문입니다. 배부른 당신들에게 화가 있을 것입니다. 당신들은 굶주릴 것이기 때문입니다. 지금 웃는 당신들에게 화가 있을 것입니다. 당신들은 슬퍼하며 울 것이기 때문입니다. 모든 사람이 당신들을 좋게 말할 때, 당신들에게 화가 있을 것입니다. 당신들의 조상이 거짓 예언자들에게 그와 같이 행하였기 때문입니다.

당신들은 세상의 소금입니다. 그런데 소금이 짠맛을 잃으면 무엇으로 짠맛을 내겠습니까? 그러면 아무데도 쓸모 없게 되어 바깥에 내버려지고, 사람들의 발밑에서 짓밟히게 됩니다.

당신들은 세상의 빛입니다. 언덕 위에 자리 잡는 마을은 숨겨질 수 없습니다. 사람들이 촛불을 켜서 됫박 아래에 두지 않고 촛대 위에 둡니다. 그래야 등불이 집 안의 모두를 비춥니다. 사람들이 당신들의 착한 행실을 보도록 빛을 사람들 앞에 비추게 하고, 그리고 하늘에 계신 당신 아버지를 찬미하십시오. 내가 율법이나 예언자들을 파기하러 온 줄로 생각하지 마십시오. 나는 파기하러 온 것이 아니라 이루려고 왔습니다.

내 진정으로 당신들에게 말하거니와, 하늘과 땅이 없어지기 전에는 율법의 한 점 한 획도 없어지지 않고 다 이루어질 것입니다. 이 작은 계명들 가운데 하나라도 파기하는 사람은 누구든지, 그리고 또 사람들을 그렇게 가르치는 사람은 누구든지 하늘나라에서 작은 사람으로 불릴 것입니다. 그러나 이 계명을 지키며 가르치는 사람은 누구든지 하늘나라에서 큰 사람으로 불릴 것입니다.

내 당신들에게 말하거니와, 당신들의 정의로움이 율법학자들과 바리새인들의 정의로움보다 낫지 않다면, 어떤 경우에도 당신들은 하늘나라에 들어가지 못할 것입니다. 당신들은 살인하지 말라고 한 옛 사람들의 말을 들었을 것입니다. 살인하는 사람은 누구든지 심판의 위험에 처하게 될 것입니다.

내 당신들에게 말하거니와, 이유 없이 형제에게 화내는 사람은 누구든지 심판의 위험에 처하게 될 것입니다. 형제에게 '라가'raca, '쓸모없는'이란 의미를 가진 고대 유대의 경멸적인 표현–옮긴이라고 하는 사람은 누구든지 의회에 회부될 위험에 처할 것입니다. 바보fool라고 하는 사람은 누구든지 지옥불의 위험에 처하게 될 것입니다.

만약 제단에 제물을 올리려고 하다가 형제가 반감을 품고 있다는 생각이 들거든, 제물을 제단 앞에 놓아두고, 그리고 가서 형제와 먼저 화해한 다음에 돌아와서 제물을 올리십시오.

당신을 반대하는 사람과 재빨리 화해하십시오. 그는 당신을 재빠르게 재판관에게 넘기고, 재판관은 관리에게 넘기고, 그리고 감옥에 가둘 것입니다. 내 진정으로 당신들에게 말하거니와, 당신들은 마지막 한 푼까지 다 갚기 전에는 거기에서 결코 나오지 못할 것입니다.

간음하지 말라고 한 옛 사람들의 말을 들었을 것입니다. 내 당신들에게 말하거니와, 여자를 보고 음욕을 품는 사람은 누구나 이미 마음으로 그녀와 간음을 저지른 것입니다.

만약 오른쪽 눈이 당신으로 하여금 죄 짓게 하면 그것을 빼내어서 버리십시오. 신체의 한 부분을 잃는 것이 온몸이 지옥에 던져지는 것보다 더 낫습니다. 오른손이 당신으로 하여금 죄 짓게 하거든 그것을 잘라서 던져 버리십시오. 신체의 한 부분을 잃는 것이 온몸이 지옥에 던져지는 것보다 더 낫습니다.

아내를 버리려 하는 사람은 누구든지 그녀에게 이혼증서를 써 주라고 이른 것을 들었을 것입니다. 내 당신들에게 말하거니와, 음행한 경우를 제외하고 아내를 버리는 사람은 누구든지 그 여자를 간음하게 하는 것이요, 또 이혼한 여자와 결혼하는 사람은 누구든지 간음을 저지르는 것입니다.

또 거짓 맹세를 하지 말고, 주에게 했던 맹세는 지켜야 한다고 한 옛사람들의 말을 들었을 것입니다. 그러나 내 당신들에게 말하거니와, 결코 맹세하지 마십시오. 하늘을 두고도 맹세하지 마십시오. 그것은 하느님의 자리이기 때문입니다. 땅을 두고도 맹세하지 마십시오. 그것은 하느님의 발판이기 때문입니다. 예루살렘을 두고도 맹세하지 마십시오. 그것은 큰 임금의 성읍이기 때문입니다. 당신의 머리를 두고도 맹세하지 마십시오. 당신은 머리카락 하나라도 희게 하거나 검게 할 수 없기 때문입니다.

'예' 할 때에는 '예'라는 말만 하고, '아니오' 할 때에는 '아니오'라는 말만 하십시오. 이것들보다 더한 것은 무엇이든지 악에서 나오는 것입니다. '눈에는 눈, 이에는 이'라고 한 말을 들었을 것입니다. 내 당신들에게 말하거니와, 악한 사람에게 맞서지 마십시오. 누군가 오른쪽 뺨을 때리거든, 역시 그 사람에게 다른 쪽도 돌려 대십시오. 만약 어떤 사람이 당신을 법에 따라 고소하여 당신의 망토를 가지려 한다면, 역시 그 사람에게 겉옷까지도 내어 주십시오. 당신더러 1마일을 가자고 강요하거든 그 두 배를 같이 가 주십시오. 달라는 사람에게는 주고, 꾸려는 사람에게서 돌아서지 마십시오.

'네 이웃을 사랑하고, 네 원수를 미워하라'고 한 말을 들었을 것입니다. 내 당신들에게 말하거니와, 원수를 사랑하고, 저주하는 사람을 축복하며, 미워하는 사람들에게 잘해주고, 천대하고 박해하는 사람을 위해 기도하십시오. 그래야만 당신들은 하늘에 계신 아버지의 자녀가 될 것입니다. 아버지께서는 악한 사람에게나 선한 사람에게나 똑같이 해를 떠오르게 하고, 의로운 사람과 불의한 사람들 위에 똑같이 비를 내려 주시기 때문입니다.

만약 사랑하는 사람만 사랑하면 무슨 보상을 받겠습니까? 세리조차 그 정도는 하지 않습니까? 그리고 형제들에게만 인사하며 지낸다면, 남들보다 나은 것이 무엇입니까? 세리들조차 그 정도는 하지 않습니까?

만약 되돌려 받기를 바라고 남들에게 꾸어 주면 무슨 감사한 일이 되겠습니까? 죄인들도 고스란히 되돌려 받을 요량으로 죄인들에게 꾸어 줍니다.

원수를 사랑하고, 좋게 대하여 주고, 또 아무 것도 바라지 말고 꾸어 주십시오. 그러면 큰 보상을 받을 것이요, 높으신 분의 자녀가 될 것입니다. 그 분은 감사를 모르는 사람들과 악한 사람들에게도 친절합니다. 그러므로 아버지께서 자비로운 것처럼 당신들도 자비로운 사람이 되십시오."

제3장
산상수훈 Ⅱ

예수가 가르쳤다.

"사람들 앞에서 보이려고 자선을 베풀지 않도록 조심하십시오. 그렇지 않으면 하늘에 계신 아버지에게서 보상을 받지 못합니다. 자선을 베풀 때, 위선자들이 회당과 거리에서 사람들에게 칭찬을 받으려고 하듯이 사람들 앞에서 나팔을 불지 마십시오. 내 진정으로 당신들에게 말하거니와, 그들은 보상을 받았습니다. 자선을 베풀 때, 오른손이 하는 것을 왼손이 모르게 하십시오. 자선이 몰래 이루어진다 해도 은밀히 보시는 아버지께서 친히 드러나게 보상하여 줄 것입니다. 기도할 때, 위선자들처럼 하지 마십시오. 그들은 회당과 큰길 모퉁이에 서서 기도하기를 좋아하는데, 사람들에게 보이려고 그럽니다. 내 진정으로 당신들에게 말하거니와, 그들은 보상을 받았습니다. 기도할 때, 골방에 들어가 문을 닫고서 은밀히 계시는 아버지께 하십시오. 그러면 몰래 보시는 아버지께서 드러나게 갚아 줄 것입니다. 기도할 때, 교양 없는 사람들이 하는 것처럼 빈말을 되풀이하지 마십시오. 그들은 말을 많이 해야만 들어주는 줄로 생각해서 그럽니다. 그러므로 당신들은 그들처럼 되지 마십시오. 아버지께서는 요구하기에 앞서 필요한 것이 무엇인지를 알고 계십니다.

이런 태도로 기도하십시오.

'하늘에 계신 아버지, 아버지의 이름이 거룩하게 되도록 하며, 아버지의 왕국이 오고, 아버지의 뜻이 하늘에서처럼 땅에서도 이루어지게 하옵소서. 오늘 저희에게 일용할 양식을 주시고, 저희에게 빚진 사람을 용서하여 준 것처럼 저희의 빚진 것을 용서하여 주시고, 저희를 시험에 들게 하지 마시고, 악으로부터 저희를 구해주옵소서. 왕국과 권세와 영광이 영원히 아버지의 것입니다. 아멘.'

만약 당신들이 사람들의 잘못을 용서하면, 하늘에 계신 아버지께서도 당신들을 용서하여 주실 것입니다. 그러나 사람들의 잘못을 용서하지 않으면, 아버지께서도 당신들의 잘못을 용서하여 주지 않을 것입니다. 특히 금식할 때, 위선자들처럼 슬픈 기색을 나타내지 마십시오. 그들은 금식하는 것을 다른 사람들에게 보이려고 일부러 얼굴을 찡그립니다. 내 진정으로 당신들에게 말하거니와, 그들은 보상을 받았습니다. 금식할 때, 머리에 기름을 바르고 낯을 씻으십시오. 그리하여 금식하는 것을 사람들에게 나타내지 말고, 은밀히 계시는 아버지께만 보이게 하십시오. 몰래 보는 아버지께서 드러나게 당신들에게 갚아 줄 것입니다.

스스로를 위하여 땅에 재물을 쌓아 두지 마십시오. 그곳에서는 좀이 먹고 녹이 슬어서 망가지며, 도둑들이 뚫고 들어와 훔쳐 갑니다. 스스로를 위하여 하늘에 재물을 쌓아 두십시오. 그곳에서는 좀이 먹거나 녹이 슬어서 망가지는 일이 없고, 도둑들이 뚫고 들어와 훔쳐 가지도 못합니다. 재물이 있는 곳이 곧 마음이 있는 곳입니다.

몸의 등불은 눈입니다. 그러므로 눈이 한결같으면 온몸이 빛으로 가득 찰 것입니다. 그러나 눈이 사악하면 온몸은 어두움으로 가득 찰 것입니다. 그런데 당신 속에 있는 빛이 어둡다면, 그 어두움이 얼마나 크겠습니까. 아무도 두 주인을 섬길 수는 없습니다. 한 사람을 미워하고 다른 쪽을 사랑하거나, 한 사람을 중히 여기고 다른 사람을 업신여기기 때문입니다. 하느님과 재물을 함께 섬길 수 없습니다. 그러므로 내 당신들에게 말하거니와, 목숨을 위해 무엇을 먹을까 또는 무엇을 마실까 생각하지 말고, 몸을 보호하기 위해 무엇을 입을까를 생각하지 마십시오. 목숨이 음식보다, 몸이 옷보다 더 소중하지 않습니까? 공중에 떠있는 새들을 보십시오. 새들은 씨를 뿌리지도, 거두지도, 곳간에 모아 들이지도 않지만 하늘에 계신 아버지께서 그들을 먹입니다. 당신들은 새들보다 더 귀하지 않습니까? 당신들 가운데 누군가가 생각한다고 해서 제 키를 일 큐빗cubit, 고대 이스라엘 등에서 사용하던 길이의 단위로, 팔꿈치에서 가운뎃손가락 끝까지의 길이-옮긴이이나 늘릴 수 있겠습니까? 왜 옷에 대하여 생각합니까? 들에 있는 백합이 어떻게 자라는지 생각해보십시오. 그것들은 수고도, 길쌈도 하지 않습니다.

내 당신들에게 말하거니와, 온갖 영화를 다 누린 솔로몬유대의 가장 위대한 왕으로 꼽히는 다윗의 아들-옮긴이도 이 꽃들 가운데 하나처럼 차려 입지 못하였습니다. 하느님께서 오늘 있다가 내일 아궁이에 들어갈 들풀도 그렇게 입히는데, 오, 믿음이 적은 사람들이여, 당신들을 훨씬 더 잘 입히시지 않겠습니까? 그러므로 무엇을 먹을까, 무엇을 마실까, 무엇을 입을까, 하고 말하며 걱정하지 마십시오. 하늘에 계시는 아버지께서는 이 모든 것이 당신들에게 필요하다는 것을 압니다.(이 모든 것들은 이교도들Gentiles이 구하는 것입니다.)

하느님의 나라와 정의를 먼저 구하십시오. 그리하면 이 모든 것을 더하여 줄 것입니다. 내일을 생각하지 마십시오. 내일이 내일의 생각을 스스로 맡아서 할 것입니다. 그날의 사악함은 그날로 충분합니다.

심판 받지 않으려거든 심판하지 마십시오. 심판하는 그 심판으로 심판 받을 것이요, 되질하여 주는 그 되로 되어서 다시 주어질 것이기 때문입니다. 주십시오, 그러면 주어질 것입니다. 꾹꾹 누르고 흔들어서 넘치도록 후하게 되어 품에 안겨 줄 것입니다. 왜 형제의 눈 속에 있는 티는 보면서 당신 눈 속에 있는 들보는 생각하지 못합니까? 보십시오, 당신 눈 속에 들보가 있는 데도 어떻게 형제에게 '네 눈에서 티를 빼내어 주겠다.' 하고 말할 수 있겠습니까? 위선자인 당신이여, 먼저 당신 눈에서 들보를 빼내십시오. 그러면 형제의 눈에서 티를 빼내어 줄 수 있을 만큼 깨끗하게 볼 수 있을 것입니다. 거룩한 것을 개에게 주지 말고, 진주를 돼지 앞에 던지지 마십시오. 그들이 발로 그것을 짓밟고는 되돌아서서 다시 당신들을 물어뜯습니다. 구하십시오 그러면 줄 것이요, 찾으십시오 그러면 찾을 것이요, 두드리십시오 그러면 문이 열릴 것입니다. 구하는 사람마다 모두 받을 것이요, 찾는 사람마다 모두 찾을 것이요, 두드리는 사람마다 모두에게 문이 열릴 것이기 때문입니다.

누가 아들이 빵을 달라는데 돌을 줄 것이며, 생선을 달라는데 뱀을 주겠습니까? 아무리 사악하다 해도 자녀에게는 좋은 선물을 주는 게 당연한데, 하물며 하늘에 계신 아버지께서 구하는 사람에게 좋은 것을 주시지 않겠습니까? 그러므로 사람들이 당신에게 해야만 한다고 여기는 것 무엇이든 받으려면 당신들도 사람들에게 그렇게 해야 합니다. 이것이 율법과 예언서의 본뜻입니다.

좁은 문으로 들어가십시오. 멸망으로 이끄는 문은 크고 길은 넓습니다. 그곳으로 들어가는 사람이 많기 때문입니다. 생명으로 이끄는 문은 작고 길은 좁은데, 그곳을 찾는 사람이 별로 없기 때문입니다.

거짓 예언자들을 조심하십시오. 그들이 양의 옷을 입고 오지만 속은 굶주린 이리들입니다. 열매를 보면 어떤 나무인지를 압니다. 사람들이 가시나무에서 포도를, 엉겅퀴에서 무화과를 딸 수 있겠습니까? 좋은 나무는 좋은 열매를 맺고, 나쁜 나무는 나쁜 열매를 맺습니다. 좋은 나무가 나쁜 열매를 맺을 수 없고, 나쁜 나무가 좋은 열매를 맺을 수 없습니다. 좋은 열매를 맺지 못하는 나무는 모두 찍혀서 불 속에 던져집니다. 그런 까닭에 그 열매를 보면 그 나무들을 알 수 있습니다.

선한 사람은 마음에 선한 보물을 쌓아 두었다가 선한 것을 내고, 악한 사람은 악한 보물을 쌓아 두었다가 악한 것을 냅니다. 내 당신들에게 말하거니와, 사람들은 하게 될 온갖 쓸데없는 말들에 대해 심판의 날에 해명해야 합니다. 당신이 한 말로 정당화되기도 하고, 죄를 받기도 합니다.

그러므로 나의 이 말들을 듣고 그대로 하는 사람은 누구나 반석 위에 집을 지은 슬기로운 사람과 같습니다. 비가 내리고, 홍수가 나고, 바람이 불어 집에 들이치지만 무너지지 않습니다. 집을 반석 위에 세웠기 때문입니다. 나의 이 말들을 듣고서도 그대로 하지 않는 사람은 모래 위에 집을 지은 어리석은 사람과 같습니다. 비가 내리고, 홍수가 나고, 바람이 불어 집에 들이쳐서 무너지는데, 무너짐이 엄청납니다."

시간이 흘러 어느덧 예수가 이 말씀을 마치자, 사람들이 그의 교리에 놀랐다. 예수가 율법학자들과 달리 권위 있게 그들을 가르쳤기 때문이다.

제4장
향유를 바르는 여인

예수가 산에서 내려왔을 때, 많은 무리들이 그를 따랐다. 예수가 마을들을 두루 돌아다니며 가르쳤다.

"수고롭고 무거운 짐을 진 사람들은 모두 내게로 오십시오. 내가 당신들에게 휴식을 줄 것입니다. 나는 마음이 온유하고 겸손하니 내 멍에를 메고 내게서 배우십시오. 그러면 당신들의 영혼이 휴식을 찾을 것입니다. 내 멍에는 쉽고, 내 짐은 가볍습니다."

바리새인 한 사람이 예수와 함께 식사하기를 간절히 청했다. 예수가 그 바리새인의 집에 들어가서 식사하려고 앉았다. 그런데, 보라, 그 마을에 살고 있는 한 여자 죄인이 예수가 바리새인의 집에서 식사한다는 것을 알고는, 향유가 든 옥합을 가지고 와서, 예수 뒤에서 발 옆에 서더니 눈물로 예수의 발을 씻기 시작하였고, 머리카락으로 닦고, 발에 입을 맞추고, 그리고 향유를 발랐다.

그러자 예수를 초대한 바리새인이 이것을 보고 혼자서 이렇게 중얼거렸다.

'만약 이 사람이 예언자라면, 그를 만지는 저 여자가 누구인지, 어떤 여자인지 알 터인데….'

그녀는 죄인이기 때문이었다. 그의 중얼거림을 알아챈 예수가 이렇게 말하였다.

"시몬이여, 당신에게 할 말이 있소."

시몬이 말하였다.

"선생님, 말씀하십시오."

예수가 말하였다.

"어떤 돈놀이꾼에게 빚진 사람이 둘 있었는데, 한 사람은 오백 페니를, 또 한 사람은 오십 페니를 빚졌소. 그런데 그들에게 갚을 수 있는 돈이 한 푼도 없어서 돈놀이꾼은 깨끗하게 둘의 빚을 탕감해주었소. 그렇다면 이 둘 중 누가 더 그를 사랑할 것 같은지 말해보시오."

시몬이 대답하였다.

"저는 더 많이 탕감 받은 사람이라고 생각합니다."

예수가 시몬에게 말하였다.

"당신의 판단이 옳소."

그러고 나서 예수는 그 여자에게로 몸을 돌리고서 시몬에게 말하였다.

"당신은 이 여자가 하는 것을 보았소. 내가 당신의 집으로 들어왔을 때, 당신은 내게 발 씻을 물도 주지 않았소. 그러나 이 여자는 눈물로 나의 발을 씻고, 머리카락으로 닦았소. 당신은 내게 입을 맞추지 않았지만, 이 여자는 들어와서부터 줄곧 내 발에 입을 맞추었소. 당신은 내 머리에 기름을 발라 주지 않았지만, 이 여자는 내 발에 향유를 발랐소."

그때예수가 예루살렘에 내려온 율법학자들에게 성령을 모독하는 자는 정죄의 위험에 처해진다고 경고하자 그들이 예수가 더러운 영을 지녔다고 하던 때-옮긴이 예수의 어머니와 형제들이 찾아와 바깥에서 사람을 들여보내어 예수를 불렀다. 예수의 주위에 둘러앉아 있던 무리들이 예수에게 말하였다.

"보십시오, 선생님의 어머니와 형제들이 바깥에서 선생님을 찾고 있습니다."

예수가 그들에게 대답하였다.

"누가 내 어머니이며, 내 형제입니까?"

그러고 나서 예수는 주위에 둘러앉은 사람들을 둘러보면서 말하였다.

"보십시오, 내 어머니와 내 형제들을. 하느님의 뜻을 행하는 사람은 누구든지 똑같이 내 형제요, 자매요, 어머니입니다."

헤아릴 수 없을 만큼 많은 무리들이 모여들어 서로 짓밟힐 지경에 이르자, 예수가 먼저 제자들에게 말하였다.

"그대들은 바리새인들의 누룩하느님께 제사 드릴 때 누룩이 들어가지 않은 순결한 빵을 사용하는데, 빵을 부풀게 하는 누룩은 악을 상징한다-옮긴이 곧 위선을 조심하시오. 드러나지 않을 것이라 해도 덮인 것이 하나도 없고, 알려지지 않을 것이라 해도 숨겨진 것이 하나도 없기 때문이오. 어두움 속에서 한 말이라 해도 무엇이든 밝은 데서 들을 것이고, 골방에서 귀에 대고 속삭인 말이라 해도 무엇이든 지붕 위에서 선포될 것이오.

그리고 내 동무들인 그대들에게 말하거니와, 육신이 죽고 난 다음에 더 이상 아무 것도 할 수 없는 사람들을 두려워하지 마시오. 나는 그대들이 누구를 두려워해야 할지를 보여 주겠소. 죽은 뒤에 지옥에 던질 권세를 가진 그 분을 두려워하시오. 정녕, 내 그대들에게 말하거니와, 그 분을 두려워하시오.

참새 다섯 마리가 두 파딩영국의 옛 화폐단위로 4분의 1페니-옮긴이에 팔리지 않았습니까? 그 가운데 한 마리도 하느님께서는 잊어버리지 않았잖습니까? 도리어 그대들의 모든 머리카락까지도 다 세어 놓고 있소. 그러므로 두려워하지 마시오. 그대들은 많은 참새보다 더 귀합니다."

무리 가운데 한 사람이 예수에게 말하였다.

"선생님, 제 형제에게 유산을 저와 나누라고 말해주십시오."

예수가 그에게 말하였다.

"이보십시오, 누가 나를 당신의 재판관이나 분배인으로 만들었단 말입니까?"

그리고 예수가 그들에게 말하였다.

"조심하고, 탐욕을 멀리하십시오. 사람의 생명은 재산이 차고 넘치는 데 달려 있지 않습니다."

예수가 한 가지 비유를 들어 그들에게 말하였다.

"어떤 부자의 땅에서 수확이 많이 나고 있었습니다. 그는 속으로 혼잣말로 이렇게 궁리하였습니다.

'내 소출을 쌓아 둘 곳이 없네, 어떻게 할까?'

그러고는 그가 중얼거렸습니다.

'이렇게 해야겠다. 내 곳간을 헐고 더 크게 지어서 그곳에 곡식과 물건들을 모두 쌓아 두어야겠다. 그리고 내 영혼에게 말할 것이다. 영혼아, 여러 해 동안 쓸 많은 물건을 쌓아 두었으니, 마음 놓고 먹고 마시고 즐겨라.'

그러나 하느님께서 그에게 이렇게 말씀하셨습니다.

'어리석은 사람아, 오늘 밤에 네 영혼을 네게서 되찾아갈 것이다. 그러면 네가 장만한 것들이 누구의 것이 되겠느냐?'

자기를 위해 재물을 쌓아두면서도 하느님에게 인색한 사람은 바로 이와 같이 될 것입니다."

예수가 제자들에게 말하였다.

"내 그대들에게 말하거니와, 목숨을 부지하려고 무엇을 먹을까, 몸을 보호하려고 무엇을 입을까를 걱정하지 마시오. 목숨은 음식보다, 몸은 옷보다 더 소중하오.까마귀를 생각해 보시오. 까마귀는 씨를 뿌리지도 않고, 거두지도 않고, 또 곳간이나 창고도 없다오. 그대들 가운데서 누가 걱정한다고 해서 제 키를 한 규빗인들 늘릴 수 있겠소? 그대들은 아주 작은 일조차 하지 못하면서 어찌하여 나머지 일들을 걱정하시오? 백합이 어떻게 자라는

지를 생각해 보시오. 그것들은 애쓰지도 않고, 길쌈도 하지 않소. 내 그대들에게 말하거니와, 온갖 영화를 누린 솔로몬도 이 꽃 하나만큼 차려 입지 못하였소. 만약 오늘 들에 있다가 내일 아궁이에 들어갈 풀이라 해도 하느님께서는 이처럼 입힌다오. 오, 믿음이 적은 사람들이여, 하물며 그대들이야 더 잘 입히지 않겠소? 그러므로 무엇을 먹을까, 무엇을 마실까를 구하지도 말고, 마음속으로 의심을 갖지도 마시오. 이 모든 것들은 이 세상 사람들이 구하는 것이오. 아버지께서는 그대들이 이런 것들을 필요로 한다는 것을 안다오. 오히려 그대들은 하느님의 나라를 구하시오. 그러면 이 모든 것들을 그대들에게 더하여 줄 것이오.

작은 무리들이여, 무서워하지 마시오. 그대들에게 왕국을 주는 것이 아버지의 참된 기쁨이오. 그대가 갖고 있는 것을 팔아서 자선을 베푸시오. 그대들은 스스로를 위하여 낡아지지 않는 주머니를 만들고, 하늘에다 없어지지 않는 재물을 쌓아 두시오. 거기에는 도둑이 들거나 좀의 피해가 없다오. 보물이 있는 곳에 마음도 있을 것이오. 허리에 띠를 두르고 등불을 밝히시오. 그러면 그대들은 결혼식에서 돌아올 집주인을 기다리는 종들과 같은데, 그가 와서 문을 두드리면 그대들은 곧바로 열어 줄 것이오. 집주인이 와서 깨어있는 종들을 볼 것이고, 그 종들에게 복이 있을 것이오. 내 진정으로 그대들에게 말하거니와, 집주인이 밥을 먹이려고 그들을 앉히고는 띠를 두르고 곁에 와서 시중을 들 것이오.

만약 집주인이 이경오후 10시에서 오전 2시-옮긴이이나 삼경오전 2시에서 해 뜰 때까지-옮긴이에 온다고 해도 종들이 그렇게 하고 있는 것을 볼 것인데, 그 종들에게 축복이 있을 것이오.

그리고 이것을 명심하시오. 만약 집주인이 몇 시에 도둑이 들지를 안다면 도둑이 집을 뚫고 들어오지 못하도록 감시하고 있을 것이오. 그러므로 그대들도 역시 준비하고 있으시오. 그대들이 생각하지도 않은 시간에 사람의 아들The Son of Man이 올 것이기 때문이오."

그때 베드로가 예수에게 말하였다.

"주님, 이 비유를 저희에게만 말씀하시는 겁니까, 아니면 모든 사람에게도 말씀하시는 겁니까?"

주예수-옮긴이가 말하였다.

"주인에게 집안을 잘 관리하고 종들에게 제때에 양식을 내줄 신실하고 슬기로운 청지기가 누구이겠소? 주인이 돌아와서 보았을 때 그렇게 하고 있는 종이 아니겠소. 그 종은 복이 있을 것이오. 내 진정으로 당신들에게 말하거니와, 주인은 그를 자기의 모든 재산을 다스릴 통치자로 삼을 것이오. 그러나 만약 그 종이 마음속으로 주인이 늦게 온다고 생각하여 남종과 여종들을 때리고, 먹고 마시고 그리고 취하게 되면, 뜻밖의 날에 주인이 와서 그를 잘라낼 것이오. 주인의 뜻을 알고도 준비하지 않거나 그 뜻대로 행하지도 않은 종은 매를 많이 맞을 것이오. 그러나 알지 못하고 매 맞을 짓을 한 종은 적게 맞을 것이오. 많이 받은 사람에게는 많은 것을 돌려주어야 할 것이고, 많이 맡은 사람은 더 많은 것을 내

놓아야 할 것이기 때문이오."

예수가 사람들에게 말하였다.

"서쪽에서 구름이 일어나는 것을 보면 곧 비가 온다고 말합니다. 그런데 그대로 됩니다. 남풍이 불면 더워질 것이라고 합니다. 그런데 그대로 됩니다.

당신 위선자들이여, 당신들은 땅과 하늘의 모습을 분간할 줄 압니다. 그러나 왜 때는 분간하지 못합니까? 어찌하여 당신들 스스로 옳은 일을 판단하지 못합니까?

당신들을 고소하는 사람과 함께 관원에게 가게 되거든 길 가는 도중에 풀려나도록 애쓰십시오. 그렇지 않으면 그가 당신들을 재판관에게로 끌고 갈 것이고, 재판관은 간수에게 넘겨주고, 간수는 감옥에 처넣을 것입니다.

내 당신들에게 말하거니와, 마지막 한 푼까지 다 갚기 전에는 절대로 거기에서 나오지 못할 것입니다."

제5장
씨 뿌리는 자의 비유

바로 그때사람의 아들이 올 것에 대비하라는 말이 제자들에게 한 말이냐는 베드로의 질문을 받고 예수가 대답할 때–옮긴이 몇몇 사람들이 예수에게 갈릴리인들에 대해 말하였다.

"빌라도가 갈릴리인들의 피를 희생제물과 뒤섞었습니다."

예수가 대답하였다.

"당신들은 이 갈릴리인들이 다른 모든 갈릴리인보다 더 큰 죄인이어서 이런 일을 겪었다고 생각합니까? 내 당신들에게 말하거니와, '아니다'입니다. 당신들이 회개하지 않으면 모두 그렇게 망할 것입니다. 또 실로암Siloam, 예루살렘 동남쪽에 있는 연못 이름–옮긴이에서 무너지는 망루에 치어 죽은 열여덟 사람이 예루살렘에 사는 다른 모든 사람보다 더 많은 죄를 지었다고 생각합니까? 내 당신들에게 말하거니와, '아니다'입니다. 회개하지 않으면 모두 그렇게 망할 것입니다."

예수는 또 이런 비유를 들어서 말하였다.

"어떤 사람이 자기 포도밭에 무화과나무를 한 그루 심어 놓고, 그 나무에서 열매를 딸까 해서 왔으나, 아무 것도 따지 못하였습니다. 그는 포도밭지기에게 말하였습니다.

'이보게, 이 무화과나무에서 열매를 딸까 해서 3년 동안 왔지만 아무 것도 따지 못하였네. 쓸데없이 땅만 버리는 게 아닌가?'

포도밭지기가 말하였습니다.

'주인님, 올해만 그냥 두십시오. 제가 그 나무 둘레를 파고 거름을 주겠습니다. 그렇게 하면 열매를 맺을지도 모릅니다. 그래도 열매를 맺지 못하면 그때 잘라 버리십시오.'"

예수가 제자들을 가르치고 있을 때, 바리새인 한 사람이 자기 집에서 함께 식사를 하자고 청하여서 예수가 가서 식사를 하려고 앉았다. 그런데 그 바리새인은 예수가 식사 전에 먼저 손을 씻지 않은 것을 보고 놀랐다. 예수가 그에게 말하였다.

"지금 당신 바리새인들은 잔과 접시의 겉은 깨끗하게 닦아놓았지만 속은 탐욕과 악독으로 가득 차 있습니다. 당신 어리석은 사람들이여, 겉을 만든 분이 속도 만들지 않았습니까? 당신들이 가지고 있는 것으로 자선을 베푸십시오. 그러고 보십시오. 모든 것이 깨끗해질 것입니다.

하지만 바리새인들이여, 당신들에게 화가 있을 것입니다. 당신들은 박하와 운향과 온갖 채소로는 십일조를 바치면서, 정의와 하느님의 사랑은 소홀히 합니다. 이런 것들도 마땅히 해야 하고,

다른 것들도 하지 않은 채 남겨두지 말아야 합니다.

바리새인들이여, 당신들에게 화가 있을 것입니다. 당신들은 회당에서 높은 자리에 앉기를 좋아하고, 장터에서 인사받기를 좋아하기 때문입니다. 위선자들인 율법학자들과 바리새인들이여, 당신들에게 화가 있을 것입니다. 당신들은 드러나지 않게 만든 무덤과 같아서 사람들이 그 위를 밟고 다니면서도 그것이 무덤인지를 알지 못하기 때문입니다."

그때 법률가 한 사람이 예수에게 말하였다.

"선생님, 선생님이 이렇게 말씀하시는 것은 우리들을 모욕하는 것입니다."

예수가 말하였다.

"법률가들이여, 당신들에게도 또한 화가 있을 것입니다. 당신들은 사람들에게 지기 어려운 짐을 지우면서도, 당신들 스스로는 손가락 하나도 까딱 하지 않기 때문이오.

법률가들이여, 당신들에게 화가 있을 것입니다. 당신들이 지식의 열쇠를 가로채서 당신들 스스로 들어가지 않고, 또 들어가려는 사람들도 막았기 때문이오."

예수가 이런 말을 하고 있을 때 율법학자들과 바리새인들은 자꾸 채근하여 말을 많이 하도록 하였다. 그들은 기다리고 있었다는 듯 예수 입에서 나오는 말에서 트집을 잡아 예수를 고소할지도 모른다.

그날병자를 고쳐주자 무리들이 혹시 다윗의 자손이 아니냐고 한 날-옮긴이 예수는 그 집에서 나와 바닷가로 갔다. 많은 무리들이 모여들자 예수는 배에 올라가서 앉았고, 무리들은 모두 바닷가에 서 있었다. 예수는 비유를 들어가며 많은 이야기를 하였는데, 이랬다.

"보십시오, 씨를 뿌리는 사람이 씨를 뿌리러 나갔습니다. 그가 뿌린 씨앗 가운데 더러는 길가에 떨어졌는데, 새들이 와서 그것을 쪼아 먹었습니다. 더러는 흙이 많지 않은 돌밭에 떨어졌는데, 싹은 곧 나왔지만 흙이 깊지 않아서 해가 뜨자 시들었고, 뿌리가 없어서 말라버렸습니다. 더러는 가시덤불에 떨어졌는데, 가시덤불이 자라서 기운을 막았습니다. 그러나 더러는 좋은 땅에 떨어져서 열매를 맺었는데, 더러는 백 배, 더러는 육십 배, 더러는 삼십 배가 되었습니다. 들을 귀를 가진 사람은 들을 것입니다."

예수가 혼자 있을 때, 열두 제자와 함께 주위에 둘러선 사람들이 그 비유에 관해 묻자 이렇게 말하였다.

"씨 뿌리는 사람의 비유를 들으십시오. 누구든 왕국의 말씀을 듣고도 이해하지 못하면, 악한 자가 와서 마음에 뿌려진 것을 빼앗아 갑니다. 길가에 씨를 뿌렸다는 것은 바로 이 사람을 두고 하는 말입니다. 그러나 돌밭에 씨를 뿌렸다는 것은 그 말씀을 듣고 곧바로 기쁘게 받아들이지만, 그 사람 속에 뿌리가 없어서 오래가지 못합니다. 그 말씀 때문에 환난이나 박해가 일어나면, 그 사람은 곧바로 걸려서 넘어집니다. 가시덤불 속에 씨를 뿌렸다는 것은 그 말씀을 듣기는 하지만 세상의 염려와 재물의 유혹이 말씀을 막아 그 사람은 열매를 맺지 못합니다.

그러나 좋은 땅에 씨를 뿌렸다는 것은 그 말씀을 듣고서 깨달은 것을 두고 하는 말인데, 그 사람이야말로 열매를 맺되, 더러는 백 배, 더러는 육십 배, 더러는 삼십 배의 열매를 맺습니다."

예수가 말하였다.

"촛불을 가져다가 됫박 아래에나 침대 밑에 두어야겠습니까? 촛대 위에 놓아야 하지 않겠습니까? 숨겨 둔 것은 드러나지 않는 것이 없고, 비밀로 감추어 둔 것은 나타나지 않은 것이 없기 때문입니다. 들을 귀를 가진 사람은 들을 것입니다."

예수가 또 다른 비유를 들어 말하였다.

"하늘나라는 자기 밭에다가 좋은 씨를 뿌리는 사람과 같습니다. 그런데 사람들이 잠자는 동안 원수가 와서 밀 사이에 가라지를 뿌리고 가버렸습니다. 싹이 나고 이삭이 팰 때 가라지도 역시 나타났습니다. 그래서 종들이 와서 주인에게 말하였습니다.

'주인어른, 어른께서 밭에 좋은 씨를 뿌리지 않으셨습니까? 그런데 어떻게 가라지가 생겼습니까?'

주인이 종들에게 말하였습니다.

'원수가 이렇게 하였네.'

종들이 주인에게 말하였습니다.

'우리가 가서 가라지를 골라낼까요?'

주인이 말하였습니다.

'아니네. 가라지를 골라내다가 밀까지 뽑으면 어떻게 하겠는가? 추수할 때까지 둘 다 함께 자라도록 내버려 두게. 추수할 때 일꾼에게 가라지를 먼저 골라내어 불에 태울 수 있도록 단으로 묶고, 밀은 곳간에 거두어들이라고 하겠네.'"

예수가 무리들을 보내고 집으로 들어갔다. 제자들이 다가와서 말하였다.

"밭의 가라지 비유를 설명하여 주십시오."

예수가 말하였다.

"좋은 씨를 뿌리는 이는 사람의 아들The Son of Man이오. 밭은 세상이오. 좋은 씨는 왕국의 자녀들이오. 그러나 가라지는 악한 사람들의 자녀들이오. 가라지를 뿌린 원수는 악마요. 추수는 세상의 종말이오. 추수꾼은 천사들이오. 그러므로 가라지를 골라내어 불 태워 버리는 것처럼 이 세상의 종말도 그러할 것이오. 사람의 아들이 천사들을 먼저 보낼 것인데, 그들은 죄짓게 하는 자들과 불법한 일을 저지르는 자들을 모조리 그 왕국에서 골라다가, 불 아궁이 속으로 던질 것이오. 그러면 그들은 거기에서 울며 이를 갈 것이오. 그때 정의로운 사람들은 아버지의 왕국에서 해처럼 빛날 것이오. 들을 귀를 가진 사람은 들을 것이오.

하늘나라는 마치 밭에 숨겨 놓은 보물과 같으오. 그것을 발견한 사람은 그 자리에 숨겨 두고 기뻐하며 집으로 돌아가서 가진 것을 다 팔아 그 밭을 산다오.

또 하늘나라는 좋은 진주를 구하는 상인과 같으오. 그가 매우 비싼 진주를 찾으면 가진 것을 다 팔아서 그것을 산다오. 또 하늘나라는 바다에 던져서 온갖 고기를 잡아 올리는 그물과 같으오. 그물이 가득 차면 해변에 끌어올려 놓고 앉아서 좋은 것들은 그릇에 담고, 나쁜 것들은 버린다오. 세상의 종말 때에도 그러할 것이오. 천사들이 와서 정의로운 사람들 사이에서 악한 자들을 가려내고, 그리고 그들을 불 아궁이 속에 던질 것이오. 그들은 거기에서 울며 이를 갈 것이오. 그대들은 이것들을 모두 깨달았소?"

그들이 말하였다.

"예, 주여."

예수가 말하였다.

"하늘나라에 관하여 훈련 받은 율법학자는 마치 자기 곳간에서 새 보물과 옛 보물을 꺼내오는 집주인과 같으오. 하느님의 나라는 다음과 같으오. 마치 어떤 사람이 땅에 씨를 뿌려 놓고, 밤낮으로 자고 깨고 하는 동안 그 씨에서 싹이 나고 자라지만, 그 사람은 어떻게 그렇게 되는지를 알지 못한다오. 땅이 저절로 열매를 맺게 하기 때문인데, 처음에는 싹을, 그 다음에는 이삭을, 또 그 다음에는 알찬 낟알을 낸다오. 열매가 익으면, 그는 곧 낫을 댑니다. 추수 때가 왔기 때문이오. 우리가 하느님의 나라를 어디에다 견줄까? 또는 무슨 비유로 비교할 수 있을까? 그것은 겨자씨 한 알과 같은데, 땅에 심을 때에는 땅에 있는 어떤 씨보다도 작다오. 그러나 뿌리고, 자라고, 그리고 어떤 풀보다 더 크고, 가지들을 뻗어 공중의 새들이 그 그늘에 깃들 수 있게 된다오."

예수가 그들이 알아들을 수 있도록 이와 같이 많은 비유로 말씀을 전하였다. 비유가 아니면 말하지 않았고, 제자들만 따로 있을 때에는 제자들에게 모든 것을 풀어서 설명해 주었다.

제6장
열두 제자의 파견

시간이 흘러 어느덧, 길을 가고 있는데, 어떤 사람이 예수에게 말하였다.

"주님, 저는 주님이 가시는 곳이면 어디든 따라가겠습니다."

예수가 말하였다.

"여우도 굴이 있고, 하늘을 나는 새도 둥지가 있는데, 사람의 아들은 머리를 둘 곳이 없습니다."

예수가 다른 사람에게 말하였다.

"나를 따르라."

그가 말하였다.

"주님, 제가 먼저 가서 아버지의 장례를 치르게 해주십시오."

예수가 말하였다.

"죽은 사람의 장례는 죽은 사람들이 치르게 두십시오. 당신은 가서 하느님의 나라를 전파하십시오."

또 다른 사람이 말하였다.

"주님, 제가 주님을 따르겠습니다. 그러니 먼저 집에 있는 가족들에게 작별인사를 하게 해주십시오."

예수가 말하였다.

"손에 쟁기를 들고 뒤돌아다보는 사람은 누구도 하느님의 나라에 적합하지 않습니다."

이 일중풍을 앓고 있는 환자를 낫게 한 일-옮긴이이 있는 뒤에 예수가 앞으로 나아가서 세관에 앉아 있는 레위Levi라고 불리는 세리에게 말하였다.

"나를 따르십시오."

레위는 모든 것을 남겨두고 일어나서 예수를 따랐다. 그리고 자기 집에서 예수에게 큰 잔치를 베풀었는데, 많은 세리들과 죄인들도 예수와 제자들과 함께 앉아 있었다. 그들은 숫자가 많았는데, 예수를 따르기 때문이었다.

율법학자와 바리새인들은 예수가 세리들과 죄인들과 함께 식사하는 것을 보자 예수의 제자들에게 말하였다.

"어떻게 세리들과 죄인들과 어울려 먹고 마실 수 있느냐?"

예수가 이 말을 듣고서 말하였다.

"건강한 사람에게는 의사가 필요 없습니다. 그러나 병든 사람에게는 필요합니다. 나는 의인을 부르러 온 것이 아니라 죄인들을 회개하도록 하기 위해 왔습니다."

예수가 또한 비유를 들어 말하였다.

"헌옷 위에 새 헝겊 조각을 대고 깁는 사람은 없습니다. 만일 그렇게 하면 새 옷과 헌옷 둘 다 찢어지게 만들고, 또 새 옷에서 떼어낸 조각은 헌옷에 어울리지도 않을 것입니다. 아무도 새 포도주를 낡은 가죽 부대에 담지 않습니다. 그렇게 하면, 새 포도주가 그 가죽 부대를 터뜨려서 쏟아지고, 가죽 부대는 못 쓰게 됩니다. 그러니 새 포도주는 새 가죽 부대에 담아야 합니다. 그래야 둘 다 보존됩니다."

시간이 흘러 어느덧, 예수가 이 비유천국에 관한 교훈-옮긴이들을 다 마친 뒤에 그곳을 떠났다.예수가 고향에 와서 회당에서 사람들을 가르쳤는데, 사람들이 놀라서 말하였다.

"이 사람이 어디에서 이런 지혜와 능력을 얻었습니까? 이 사람이 목수의 아들이 아닙니까? 그의 어머니는 마리아라 불리지 않습니까? 그의 형제들은 야고보, 요셉, 시몬과 유다가 아닙니까? 또 그의 누이들은 모두 우리와 같이 살고 있지 않습니까? 그런데 이 사람이 이 모든 것을 어디에서 얻었습니까?"

그들이 예수를 달갑지 않게 여기자 예수가 이렇게 말하였다.

"예언자가 자기 고향과 자기 집을 제외하고는 존경 받지 않는 법이 없습니다."

예수가 무리들을 보고 불쌍히 여겼다. 왜냐하면 그들은 마치 목자 없는 양처럼 지쳐서 흩어졌기 때문이다.

예수는 열둘제자-옮긴이을 불러 둘씩 둘씩 보내면서 명령하였다.

"이방인의 길로 가지 말고, 사마리아의 마을에도 들어가지 말고, 오히려 이스라엘 집의 잃은 양에게로 가라. 주머니에 금도 은도 동전도 넣어 가지고 다니지 마라. 여행을 위해 자루도, 겉옷 두 벌도, 신발도, 지팡이도 지니지 마라. 일꾼이 자기 먹을 것을 받는 것은 마땅하기 때문이니라. 아무 마을이든지 아무 동네이든지 들어가서 거기에서 마땅한 사람을 찾아내어 그곳을 떠날 때까지 거기에 머물러 있으라. 그대들이 그 집에 들어갈 때, 인사하라. 만일 그 집이 적당하다면 그대들의 평화가 그 집에 오게 하라. 하지만 적당하지 않으면 그대들의 평화를 그대들에게로 되돌아오게 하라. 누구든지 그대들을 영접하지 않거나 말을 듣지 않거든 그 집이나 그 마을을 떠날 때, 발에 묻은 먼지를 털어 버려라. 내 진정으로 그대들에게 말하거니와, 심판 날에는 그 마을보다 소돔과 고모라 땅이 더 견디기가 쉬울 것이니라. 보라, 내가 마치 이리 떼 가운데로 양을 보내는 것처럼 그대들을 내보내는데, 그대들은 뱀처럼 슬기롭고, 비둘기처럼 순수하게 되어라. 사람들을 조심하라. 사람들이 그대들을 공회에 넘겨주고, 회당에서 매질할 것이니라. 그대들은 나 때문에 총독들과 왕들 앞에 끌려 나가서 그들과 이방 사람 앞에서 증언할 것이니라. 그들이 이 마을에서 그대들을 박해하거든, 다른 마을로 피하라. 그들을 두려워하지 마라. 덮어둔 것이라 해도 벗겨지지 않을 것이 없고, 숨긴 것이라 해도 알려지지 않을 것이 없느니라. 내가 그대들에게 어둠 속에서 말한 것을 그대들은 밝은 데서 말하라. 그대들이 귓속말로 들은 것을 지붕 위에서 설파하라. 몸은 죽일지라도 영혼을 죽이지 못하는 자를 두려워하지 말고, 오히려 영혼도 몸도 다 지옥에 던져서 멸망시킬 수 있는 그 분을 두려워하라. 참새 두 마리가 한 냥에 팔리지 않았느냐? 그러나 그 가운데 한 마리라도 그대 아버지께서 허락하지 않으면 땅에 떨어지지 않을 것이니라. 그대들의 머리카락까지도 다 세어 놓고 있느리라. 그러므로 두려워하지 마라. 그대들은 많은 참새보다 더 귀하니라."

사도들은 나아가 사람들에게 회개하라고 설파하였다. 그들 스스로 예수에게로 모여 한 일과 가르친 일을 모두 말하였다.

이 일들열두 제자 중의 한 사람인 유다 이스카리옷이 배반할 것이라고 말하는 일-옮긴이이 있은 뒤 예수가 갈릴리로 걸어갔다. 유대인들이 예수를 죽이려고 하여서 예수는 유대 지방에서는 걸어 다니려 하지 않았다. 그런데 바리새인들과 예루살렘에서 내려온 율법학자 몇 사람이 함께 예수에게로 왔다. 그들이 예수의 제자들 가운데 몇 사람이 부정한 손, 즉 씻지 않은 손으로 빵을 먹는 것을 보고 흠을 잡았다. 바리새인들과 모든 유대인들은 조상들의 전통에 따라 손을 씻지 않고서는 음식을 먹지 않기 때문이다. 시장에서 돌아오면 씻지 않고는 먹지 않았다. 그리고 잔, 단지, 놋그릇, 식탁을 닦는 것처럼 그들이 전해 받아 지키는 다른 규례들이 많이 있었다. 바리새인들과 율법학자들이 예수에게 물었다.

"왜 당신의 제자들은 조상들의 전통에 따르지 않습니까, 왜 씻지 않은 손으로 빵을 먹습니까?"

예수가 무리를 불러서 말하였다.

"당신들은 모두 내 말을 듣고 깨달으십시오. 사람 몸 밖에서 몸 속으로 들어가는 것은 어떤 것도 사람을 더럽힐 수는 없습니다. 그러나 사람에게서 나오는 것은 사람을 더럽힙니다. 들을 귀를 가진 사람은 들을 것입니다."

예수가 무리를 떠나 집으로 들어갔을 때, 제자들이 그 비유에 관해 물었다. 예수가 말하였다.

"그대들도 역시 아직 깨닫지 못하였는가? 밖에서 사람의 몸속으로 들어가는 것은 무엇이든지 사람을 더럽히지 못한다는 것을 알지 못하였는가? 이것은 마음속으로 들어가는 것이 아니라 배로 들어가서 뒤로 나가기 때문에 모든 음식은 깨끗하다. 사람에게서 나오는 것이 그 사람을 더럽힌다오. 속에서, 즉 사람의 마음에서 나오는 것은 나쁜 생각, 간음, 음행, 살인, 도둑질, 탐욕, 악의, 사기, 방탕, 악한 눈, 모독, 교만, 어리석음이네. 이 모든 악한 것들은 속에서 나와 사람을 더럽히는 것이니라."

그러고 나서 예수가 일어나서 두로Tyre와 시돈Sidon의 경계 지역으로 갔다. 거기서 어떤 집에 들어갔는데, 아무도 그 사실을 모르기를 바랐으나, 숨길 수가 없었다.

제7장
믿지 않는 예수 형제들

동시에세금에 관한 베드로의 질문에 예수가 답할 때-옮긴이 제자들이 예수에게 와서 말하였다.

"하늘나라에서는 누가 가장 큰 사람입니까?"

그러자 예수가 한 어린아이를 곁으로 불러서 그들 가운데에 세우고서 말하였다. ,

"내 진정으로 그대들에게 말하거니와, 그대들이 회심하여 이 어린아이처럼 되지 않으면 결코 하늘나라에 들어가지 못할 것이니라. 누구든지 이 어린아이처럼 자신을 낮추는 사람이 하늘나라에서는 가장 큰 사람이다. 죄짓게 하는 일 때문에 세상에 화가 있을 것이네. 어쩔수 없이 죄짓게 되어도 죄지은 사람에게 화가 있을 것이네. 만약 그대의 손이나 발이 죄를 짓게 하거든 찍어서 던져 버려라. 두 손과 두 발을 가지고 영원한 불 속에 들어가는 것보다는 오히려 손이나 발이 불구인 채로 새 삶을 사는 것이 낫느니라. 만약 그대 눈이 죄를 짓게 하거든 눈을 빼어서 던져 버려라.

두 눈을 가지고 지옥의 불로 들어가는 것보다 오히려 한 눈인 채로 새 삶을 사는 것이 낫느니라. 그대들은 어떻게 생각하느냐? 어떤 사람이 백 마리의 양을 가지고 있는데, 그 중 한 마리가 길을 잃었다면, 그가 아흔아홉 마리를 남겨두고 산으로 가서 길 잃은 양을 찾아야 하지 않겠느냐? 내 진정으로 그대들에게 말하거니와, 만약 그 양을 찾으면 그는 길을 잃지 않은 아흔아홉 마리보다 그 양을 두고 더 기뻐할 것이네. 이처럼 이 어린아이들 가운데 한 명이라도 죽게 하는 것은 하늘에 계신 아버지의 뜻이 아니니라.

더욱이 형제가 그대에게 죄를 짓는다면, 가서, 그대와 둘만이 있는 데서 잘못을 말하라. 만약 그가 그대의 말을 들으면 형제를 얻는 것이니라. 그러나 만약 그대의 말을 듣지 않으면 그대 말고 한두 사람을 더 데리고 가서 두세 명의 증인의 입으로 모든 말을 입증하라. 만약 그들의 말도 소홀히 하면, 교회에 말하라. 교회의 말조차 소홀히 하거든, 그를 이방인이교도-옮긴이이나 세리처럼 여기어라."

그때 베드로가 예수에게 와서 말하였다.

"주님, 형제가 제게 죄를 지으면 몇 번이나 용서해 주어야 합니까, 일곱 번까지입니까?"

예수가 말하였다.

"나는 그대에게 일곱 번까지라고 말하지는 않았네. 하지만 일흔 번까지라도 해야 하네. 하늘나라는 자기 종들과 셈을 하려고 하는 어떤 왕과 같으니라. 왕이 셈을 하기 시작하니, 만 달란트

talent, 유대 왕국에서 사용하던 무게를 재는 단위-옮긴이를 빚진 종 하나가 왕에게 끌려왔다. 그가 빚 갚을 길이 없자 왕은 몸과 아내와 자녀들, 그리고 가진 것 모두를 팔아서 갚으라고 하였네. 그랬더니 그 종이 무릎을 꿇고서 '주여, 참으십시오. 다 갚겠습니다.'라고 애원하였네. 그러자 왕은 종을 가엾게 여겨 놓아 주고 빚을 탕감해 주었느니라. 그러나 그 종은 나가서 자기에게 백 데나리온을 빚진 동료 하나를 붙들어 멱살을 잡고서 빚진 것을 갚으라고 하였네. 그러자 그 동료 종이 발 아래 엎드려서 '참으십시오. 다 갚겠습니다.'라고 간청하였다네. 그러나 그는 들어 주지 않았네. 그는 빚을 갚을 때까지 그 동료 종을 감옥에 가두었다네. 동료 종들이 그가 한 짓을 보고 매우 딱하게 여겨서 왕에게 모두 말하였네. 그러자 왕은 그 종을 불러서 '오, 악한 종아, 네가 간청하기에 내가 빚을 탕감해 주었네. 내가 너를 불쌍히 여긴 것처럼 너도 네 동료 종을 불쌍히 여겼어야 할 것이 아닌가?'라고 하였네. 왕이 화가 나서 빚진 것을 다 갚을 때까지 가두어 두도록 그를 형리에게 넘겨 주었느니라.

만약 당신들이 각각 진심으로 잘못을 저지른 형제를 용서하여 주지 않으면, 하늘에 계신 아버지께서도 당신들에게 그와 같이 할 것이니라."

이 일예수가 열두 제자에게 모든 마귀들을 다스리고 병 고치는 권세와 권위를 주어 하느님 나라를 전파하고 병든 자들을 치유하게 하라고 보낸 일-옮긴이이 있은 뒤에 주예수—옮긴이는 일흔 명을 임명하여 몸소 가려고 하는 마을과 동네로 각각 둘씩 둘씩 보냈다. 예수가 말하였다.

"참으로 추수할 것은 많으나, 일꾼들이 적다네. 그러므로 그대들은 추수의 주에게 기도하여 추수할 일꾼을 보내 달라고 청하거라. 그대들의 길을 가라. 보라. 내가 그대들을 보내는 것이 마치 어린 양을 이리 가운데로 보내는 것과 같으니라. 돈주머니도 자루도 신발도 가지고 가지 말고, 길에서 아무에게도 인사하지 마라. 그대들이 어느 집에 들어가든 '이 집에 평화가 있기를 빕니다!' 하고 먼저 말하라. 만약 평화의 아들이 그곳에 있으면 그대들이 비는 평화는 그 사람에게 내릴 것이요, 그렇지 않으면 그대들에게 되돌아올 것이니라. 그 집에 머무르면서 그들이 주는 것을 먹고 마시어라. 일꾼이 자기 삯을 받는 것은 당연하기 때문이니라. 이 집 저 집 옮겨 다니지 마라. 어느 마을에 들어가든지 사람들이 그대들을 영접하면서 차려 주는 음식을 먹으라. 그러나 영접하지 않는다면 그 마을의 거리로 나가서 이렇게 말하라.

'우리에게 묻은 너희 마을의 먼지를 너희에게 털어 버리겠소. 하느님의 나라가 당신들 가까이에 왔다는 사실을 알아두시오.'

내 그대들에게 말하거니와, 그날에는 소돔이 그 마을보다 더 견디기 쉬울 것이니라."

유대인의 명절인 장막절Sukkot, 帳幕節, 이스라엘 3대 명절 중 하나인 유대인 추수감사절로, 이스라엘 사람들이 이집트에서 해방되어 아라비아 사막의 광야에서 장막을 치고 살았던 일을 기념하는 날-옮긴이이 가까워졌다. 형제들이 예수에게 말하였다.

"여기를 떠나 유대로 가십시오. 그곳에 있는 제자들도 당신이 하는 일을 보게 하십시오. 자신을 드러내어 알려지기를 바라면서 숨어서 일하는 사람은 없습니다. 이런 일을 할 거면 자신을 세상에 드러내십시오."

이것은 예수의 형제들까지도 예수를 믿지 않았다는 의미이다. 예수가 말하였다.

"내 때는 아직 오지 않았느리라. 그러나 너희들의 때는 언제나 준비되어 있네. 세상이 너희들을 미워하지는 않네. 세상이 나를 미워하는 것은 내가 세상을 보고서 그 하는 일들이 악하다고 증언하기 때문이니라. 너희들은 명절을 쇠러 올라가거라. 나는 아직 내 때가 다 차지 않아서 이번 명절에는 올라가지 않겠네."

예수는 그들에게 이런 말을 하고는 여전히 갈릴리에 머물러 있었다. 그러나 형제들이 올라간 뒤에 예수도 드러내지 않고 비밀리에 명절을 쇠러 올라갔다. 유대인들이 명절에 예수를 찾으면서 말하였다.

"예수가 어디에 있습니까?"

사람들 사이에서 예수를 두고 수군거리는 말들이 많았다. 더러는 "좋은 사람이다.", 더러는 "아니다, 사람들을 미혹하는 사람이다."라고 하였다. 그럼에도 불구하고 유대인들을 두려워하기 때문에 아무도 예수에 관해 드러내놓고 말하지 않았다. 명절이 중

간쯤 접어들었을 즈음에 예수가 성전에 올라가서 가르쳤다. 유대인들이 놀라서 말하였다.

"배우지도 않았는데, 이 사람은 어떻게 글을 알았을까?"

예수가 말하였다.

"모세가 당신들에게 율법을 주지 않았습니까? 그런데 당신들 가운데 그 율법을 지키는 사람은 하나도 없습니다. 어찌하여 당신들은 나를 죽이려고 합니까?"

사람들이 대답하였다.

"당신은 귀신이 들렸소. 누가 당신을 죽이려고 한단 말이오?"

예수가 말하였다.

"내가 한 가지 일을 하였는데, 당신들 모두 놀라고 있습니다. 모세가 당신들에게 할례법을 주었습니다.(사실 할례는 모세에게서 비롯한 것이 아니라, 조상들에게서 비롯한 것이다.) 당신들은 안식일에도 사람에게 할례를 줍니다. 사람들이 모세의 율법을 어기지 않으려고 안식일에도 할례를 받는데, 내가 안식일에 어떤 사람의 몸을 낫게 해주었다고 해서 어찌 당신들이 나에게 화를 냅니까? 겉모양으로 판단하지 말고 공정한 판단을 내리십시오."

예루살렘 사람 몇몇이 말하였다.

"그들이 죽이려고 하는 이가 바로 이 사람 아닙니까? 그런데 보십시오, 그가 대담하게 말하는 데도 그들은 아무 말도 못합니다. 지도자들이 정말로 이 사람을 그리스도로 알고 있는 것 아닙니까?"

바리새인들은 사람들이 예수를 두고 이런 말로 수군거리는 것을 들었다. 그래서 바리새인들과 대제사장들은 예수를 잡으려고 경비병들을 보냈다. 사람들 사이에서 예수 때문에 분열이 일어났다. 그들 중 몇몇이 예수를 잡으려고 하였지만, 아무도 그에게 손을 대지는 못하였다. 경비병들이 돌아오자 대제사장들과 바리새인들은 경비병들에게 왜 그를 끌고 오지 않았느냐고 물었다. 경비병들이 대답하였다.

"이 사람처럼 말하는 사람이 지금껏 아무도 없었습니다."

바리새인들이 말하였다.

"너희도 역시 미혹된 것 아니냐? 지도자들이나 바리새인들 가운데 누가 그를 믿었느냐? 하지만 율법을 알지 못하는 이 무리는 저주받을 것이다."

그때 니코데모Nicodemus가 그들에게 말하였다.(그는 그들 중 한 사람으로, 밤에 예수를 찾아왔다.)

"당사자의 말을 들어보거나 하는 일을 알아보지도 않고 사람을 판결하는 것이 우리의 율법입니까?"

그들이 니코데모에게 대답하였다.

"당신도 갈릴리 사람이오? 갈릴리에서는 어떤 예언자도 나오지 못한다고 했으니 찾아보시오."

그리하여 그들은 제각기 자기 집으로 돌아갔다.

제8장
간음한 여자

예수가 올리브 산으로 갔다. 아침 일찍 예수가 다시 성전으로 오자 많은 사람들이 왔다. 예수가 앉아서 그들을 가르쳤다. 율법학자들과 바리새인들이 간음한 여자를 예수에게로 끌고 와 가운데에 세워 놓고 말하였다.

"선생님, 이 여자가 간음을 하다가 바로 현장에서 잡혔습니다. 모세가 율법에서 '이런 여자는 돌로 쳐서 죽이라'고 명령하였습니다. 선생님은 이 일을 어떻게 생각합니까?"

그들이 이렇게 말한 것은 고소할 구실을 찾으려고 예수를 시험하는 것이었다. 그러나 예수는 못들은 척 하고 몸을 굽혀 손가락으로 땅에 뭔가를 썼다. 그래도 그들이 예수에게 계속해서 묻자, 예수가 몸을 일으켜 말하였다.

"당신들 가운데 죄 없는 사람이 먼저 이 여자에게 돌을 던지시오."

그러고는 다시 몸을 굽혀서 땅에다가 뭔가를 썼다. 그 말을 들은 사람들은 양심에 가책을 받아 늙은이부터 시작하여 마지막 사람까지 한 명씩 한 명씩 자리를 떴다. 그러자 예수가 홀로 남았고, 그 여자는 그대로 서 있었다. 예수가 몸을 일으켰을 때 그 여자 말고는 아무도 보이지 않았다. 예수가 그 여자에게 물었다.

"여인이여, 당신을 고소한 사람들은 어디 있소? 아무도 당신을 정죄하지 않았던 거요?"

그녀가 대답하였다.

"주님, 한 사람도 없습니다."

예수가 말하였다.

"나도 당신을 정죄하지 않을 것이니, 가서 더 이상 죄를 짓지 마시오."

예수가 지나가다가 태어나면서부터 눈이 먼 사람을 보았다. 제자들이 예수에게 물었다.

"선생님, 이 사람이 눈먼 사람으로 태어난 것이 누구의 죄입니까, 이 사람입니까, 부모입니까?"

예수가 대답하였다.

"이 사람도 그의 부모도 죄를 지은 것이 아니오. 하느님께서 하는 일이 그에게서 드러나게 하려는 것이니라. 내 진정으로 진정으로 그대들에게 말하거니와, 양우리에 들어갈 때 문으로 들어가지 않고 다른 곳으로 넘어 들어가는 사람은 도둑이요, 강도라네. 그러나 문으로 들어가는 사람은 양의 목자이니라. 문지기가 목자에게 문을 열면 양들이 그의 목소리를 듣는다네. 목자는 자기 양의 이름을 하나하나 불러서 이끌고 나가네. 그가 자기 양을 불러내어 앞서서 가면 양들이 뒤따라 가네. 양들이 목자의 목소리를 알기 때문이니라. 양들은 절대로 낯선 사람을 따라 가지 않고, 오히려 그런 사람에게서 달아난다네. 양들이 낯선 사람의 목소리를 알지 못하기 때문이니라. 나는 선한 목자라네. 선한 목자는 양들을 위하여 자기 목숨을 바치니라. 삯꾼은 목자가 아니네, 양들도 자기 양들이 아니어서 이리가 오는 것을 보면 양들을 버리고 도망치네. 그러면 이리가 양들을 물어가고 양떼는 흩어지네. 삯꾼이 도망치는 것은 그가 삯꾼이어서 양에 대해 관심이 없기 때문이니라. 나는 선한 목자여서 내 양을 알고, 내 양도 나를 아네. 그리고 나에게는 이 우리에 있지 않은 다른 양들이 있네. 나는 그 양들도 이끌어 와야만 하네. 그들도 내 음성을 들을 것인데, 한 우리에 있으면서 한 무리의 양떼가 될 것이니라."

어떤 율법학자가 일어나서 예수를 시험하여 말하였다.

"보시오, 선생님! 영생을 얻으려면 무엇을 해야 합니까?"

예수가 그에게 물었다.

"율법에 어떻게 쓰여 있습니까? 당신은 그것을 어떻게 읽었습니까?"

그가 대답하였다.

"너는 네 마음을 다하고 네 영혼을 다하고 네 힘을 다하고 네 뜻을 다하여 주 너의 하느님을 사랑하여라. 또 네 이웃을 네 몸같이 사랑하여라."

예수가 말하였다.

"당신 말이 옳습니다. 그렇게 행하십시오. 그러면 살 것입니다."

그런데 그 율법학자는 자신을 기꺼이 정당화하면서 예수에게 말하였다.

"내 이웃이 누구입니까?"

예수가 대답하였다.

"어떤 사람이 예루살렘에서 여리고Jericho, 예루살렘 북서쪽 요단강 서안에 있는 도시-옮긴이로 내려가다가 강도를 만났습니다. 강도가 옷을 벗기고 때려서 거의 죽게 된 채로 내버려 두고 갔습니다. 마침 어떤 제사장이 그 길을 내려가다가 우연히 그 사람을 보고는 다른 쪽으로 피하여 지나갔습니다. 마찬가지로 레위 사람도 그곳에 이르러서 그를 보고 다른 쪽으로 피하여 지나갔습니다. 그러나 어떤 사마리아인은 길을 가다가 그 사람이 있는 곳에 이르러 그를 보자 측은한 마음이 들어서, 그에게 가서 상처에 올리브기름과 포도주를 붓고 싸맨 다음 자기 가축에 태워 여관으로 데리고 가서 돌보아 주었습니다. 그리고 다음날 떠나면서 그는 두 페니를 꺼내어 여관 주인에게 주고는 '이 사람을 돌보아 주십시오. 비용이 더 들면 내가 다시 돌아오는 길에 갚겠습니다.'라고 하였습니다. 당신이 생각하기에 이 세 사람 가운데서 누가 강도를 만난 사람에게 이웃이라고 생각합니까?"

그율법학자-옮긴이가 말하였다.

"그에게 자비를 베푼 사람입니다."
예수가 말하였다.
"가서, 당신도 그와 같이 하십시오."

시간이 흘러 어느덧 이 무렵, 예수가 어떤 곳에서 기도를 하고 있었는데, 기도를 마치자 제자 한 사람이 말하였다.
"주님, 요한이 제자들에게 기도하는 것을 가르쳐 준 것처럼 저희에게도 기도하는 것을 가르쳐 주십시오."
예수가 말하였다.
"그대들은 기도할 때, 이렇게 말하여라. '하늘에 계신 아버지, 아버지의 이름이 거룩하게 되고, 아버지의 왕국이 오며, 하늘에서처럼 아버지의 뜻이 땅에서도 이루어지게 하소서. 저희에게 날마다 일용한 양식을 주시고, 저희에게 빚진 사람을 용서하오니 저희의 죄를 용서하여 주시고, 저희를 시험에 들게 하지 마시고, 악에서 구해주옵소서.'"
예수가 또 말하였다.
"그대들 가운데 어떤 이에게 친구가 있는데, 그가 밤중에 그 친구를 찾아가서 '친구여, 내게 빵 세 개를 꾸어 주게. 친구가 여행 중에 내게 왔는데, 나에게는 그를 대접할 게 아무것도 없다네.'라고 하였느니라. 그러면 그 사람은 안에서 '괴롭히지 말게. 문은 이미 닫혔고, 아이들과 잠자리에 들었네, 그러니 일어나 자네의 청을 들어줄 수 없네.'라고 하였느니라. 내 그대들에게 말하거니와,

그가 일어나서 청을 들어줄 수 없다고 할지라도 친구니까 끈질기게 졸라대면 일어나서 필요로 하는 만큼 줄 것이네. 내 당신들에게 말하거니와, 구하라 그러면 주어질 것이요, 찾으라 그러면 찾을 것이요, 두드리라 그러면 열릴 것이니라. 구하는 사람마다 받을 것이요, 찾는 사람마다 찾을 것이요, 두드리는 사람마다 열릴 것이니라. 만약 그대들 가운데 아비 된 자가 있어 아들이 빵을 달라는데 돌을 주며, 생선을 달라는데 뱀을 줄 사람이 있겠느냐? 아니면 달걀을 달라고 하는데 전갈을 줄 사람이 있겠느냐? 그대들이 악하다 할지라도, 자녀에게 좋은 것을 주는 방법을 안다네. 하물며 하늘에 계신 아버지께서 구하는 사람에게 성령the Holy Spirit을 주지 않겠느냐?"

제9장
돌아온 탕아

시간이 흘러 어느덧 안식일에 예수가 빵을 먹으러 한 바리새인 지도자의 집에 들어갔는데, 그들은 예수를 지켜보고 있었다. 그런데, 보라, 예수 앞에 수종병 환자 한 사람이 있었다. 예수가 율법학자들과 바리새인들에게 물었다.

"안식일에 병을 고치는 것이 옳은지 그른지 말해보십시오."

그들은 잠잠하였다. 예수가 말하였다.

"당신들 중에 누구든지 나귀나 소가 우물에 빠지면 안식일에라도 당장 끌어내지 않겠습니까?"

그들은 이 일에 대하여 역시 대답하지 않았다.

예수는 초대 받은 사람들이 얼마나 기를 쓰고 윗자리를 골라잡는지를 보고, 그들에게 비유를 하나 들어 말하였다.

"당신들이 어떤 사람의 결혼식에 초대 받아 가거든 윗자리에 앉지 마십시오. 혹시 손님들 가운데 당신보다 더 귀한 사람이 초대 받았을지도 모릅니다. 초대한 주인이 당신한테 와서 '이 분에게 자리를 내어드리십시오'라고 할지 모릅니다. 그러면 당신은 부끄러워하면서 맨 끝자리로 내려앉게 될 것입니다. 당신은 초대 받아 가면 맨 끝자리에 앉으십시오. 그러면 초대한 주인이 와서 '이보시오, 윗자리로 올라앉으십시오.'라고 할 것입니다. 그때 당신은 당신과 함께 앉아 있는 모든 사람 앞에서 영광을 받을 것입니다. 누구든지 자기를 높이는 사람은 낮아질 것이요, 낮추는 사람은 높아질 것입니다."

예수가 초대한 사람에게도 말하였다.

"점심이나 만찬을 베풀 때 친구나 형제, 친척, 부유한 이웃들을 부르지 마십시오. 혹 그들도 당신을 다시 초대하여 되갚을까 해서입니다. 잔치를 베풀 때, 가난한 사람들과 불구자들과 다리 저는 사람들과 눈먼 사람들을 부르십시오. 그러면 복 받을 것입니다. 그들이 당신에게 갚을 수 없기 때문입니다. 의인들이 부활할 때에 당신에게 갚게 될 것입니다."

예수가 그예수와 함께 식사하던 사람 중 하나-옮긴이에게 말하였다.

"어떤 사람이 성대한 식사를 마련하고 많은 사람을 초대하였습니다. 식사 시간이 되어 초대 받은 사람들에게 종을 보내어 '오십시오, 준비가 다 되었습니다.'라고 말하게 하였습니다. 그런데 그들은 모두 하나같이 핑계를 대기 시작하였습니다. 첫 번째 사람은 밭을 샀는데 가서 보아야 하니 양해해 달라고 하였습니다. 다른 사람은 다섯 겨리두 마리의 소가 끄는 쟁기를 일컬음-옮긴이의 소를 샀는데 그 소들을 시험하러 가는 길이니 부디 양해해 달라고 하였습니다. 또 다른 사람은 결혼을 해서 가기 어렵다고 하였습니다. 그래서 종이 돌아와서 이 사실을 그대로 주인에게 알렸습니다. 그러자 주인이 화가 나서 종더러 어서 마을의 거리와 골목으로 나가 가난한 사람과 불구자와 눈먼 사람과 다리 저는 사람들을 데려오라고 하였습니다. 종이 주인이 시킨대로 하였지만, 여전히 자리가 남아 있자 주인이 종에게 큰길과 울타리 가로 나가서 사람들을 억지로라도 데려다가 집안을 채우라고 하였습니다. 내 당신들에게 말하거니와, 초대 받은 사람 가운데 아무도 나의 식사를 맛보지 못할 것입니다. 당신들 가운데 누구든 망루를 세우려고 하면, 먼저 앉아서 그것을 완성할 만한 비용이 자신에게 있는지를 셈하여 보아야 하지 않겠습니까? 그렇게 하지 않아 기초만 닦은 채 완성하지 못하면 보는 사람들이 모두 비웃으면서 '이 사람이 짓기를 시작만 하고 끝내지는 못하였다.'라고 할 것입니다. 혹은 어떤 왕이 다른 왕과 전쟁을 하러 나가려면 먼저 앉아서 이만 명을 거느리고 자기에게로 밀고 들어오는 자를 만 명으로 대적할 수 있을지를 헤아려 보아야 하지 않겠습니까? 만일 당해 낼 수 없다면 적이 아직 멀리 있을 때 사신을 보내어서 화친을 청할 것입니다."

세리들과 죄인들이 모두 예수의 말씀을 들으려고 그에게 가까이 몰려들었다. 바리새인들과 율법학자들은 서로 수군거리며 말하였다.

"이 사람이 죄인들을 맞아들이고, 함께 음식을 먹는다."

예수가 비유를 들어 말하였다.

"당신들 가운데 누군가가 양 백 마리를 가지고 있는데, 그 가운데서 한 마리를 잃었다면, 아흔아홉 마리를 광야에 두고 그 잃은 양을 찾을 때까지 찾아다니지 않겠습니까? 그러다가 찾으면 기뻐하며 어깨에 메고 집으로 돌아와서 친구들과 이웃 사람을 불러 모으고 '잃었던 양을 찾았습니다. 나와 함께 기뻐해 주십시오.'라고 말할 것입니다.

내 당신들에게 말하거니와, 이와 같이 하늘에서는 회개할 필요가 없는 아흔아홉 명의 의인보다 회개하는 죄인 한 사람을 두고 더 기뻐할 것입니다.

또 어떤 여자가 은화 열 닢을 가지고 있다가 그 가운데서 한 닢을 잃어버리면 촛불을 켜고 온 집안을 쓸며 그것을 찾아낼 때까지 샅샅이 뒤지지 않겠습니까? 그것을 찾으면 벗과 이웃 사람을 불러 모으고, '잃어버렸던 한 닢을 찾았습니다. 나와 함께 기뻐해 주십시오.'라고 말할 것입니다. 내 당신들에게 말하거니와, 이와 같이 죄인 하나가 회개하면, 하느님의 천사들 앞에 기쁨이 있습니다."

예수가 또 말하였다.

"어떤 사람에게 아들이 둘 있는데, 작은아들이 아버지에게 '아버지, 재산 가운데 제게 돌아올 몫을 주십시오.'라고 하였습니다. 그래서 아버지가 살림을 두 아들에게 나누어 주었습니다. 며칠 뒤에 작은아들은 제 것을 다 챙겨 먼 나라로 가서 거기에서 방탕하게 살면서 그 재산을 낭비하였습니다. 그가 재산을 모두 탕진하였을 때 그곳에 흉년이 크게 들어서 아주 궁핍하게 되었습니다. 그래서 그는 그 나라에 사는 어떤 사람에게 더부살이를 하게 되었습니다. 그 사람이 그더러 돼지를 치게 하였습니다. 그는 돼지가 먹는 곡식 껍질로 배를 채우고 싶은 마음이 간절할 정도로 배고 고팠으나 아무도 그에게 먹을 것을 주지 않았습니다. 그제야 그는 자신을 되돌아보고는 '내 아버지의 그 많은 품꾼들에게는 먹을 것이 충분하고 남아도는데, 나는 여기에서 굶어 죽는구나. 아버지에게 돌아가서 이렇게 말씀드려야겠다. '아버지, 제가 하늘을 거역하고 아버지 앞에 죄를 지었습니다. 저는 더 이상 아버지의 아들이라고 불릴 자격이 없으니, 저를 품꾼으로 삼아 주십시오.'

그러고는 그는 일어나서 아버지에게로 갔습니다. 그가 아직 멀리 있는데, 아버지가 그를 보고 측은히 여겨서 달려와 목을 껴안고 입을 맞추었습니다. 그때 아들이 '아버지, 제가 하늘을 거역하고 아버지 앞에 죄를 지었습니다. 저는 더 이상 아버지의 아들로 불릴 자격이 없습니다.'라고 하였습니다. 아버지는 종들에게 명령하였습니다.

'어서 가장 좋은 옷을 꺼내서 그에게 입히고 손에 반지를 끼우고 발에 신발을 신겨라. 그리고 살찐 송아지를 끌어내어다가 잡아라. 우리 먹고 즐기자. 내 아들이 죽었다가 다시 살아났고, 잃었

다가 되찾았다.'

그들은 즐기기 시작하였습니다. 때마침 밭에 있던 큰아들이 집 가까이에 이르자 음악 소리와 춤추면서 노는 소리가 들리자 종 하나를 불러서 무슨 일인지를 물었습니다. 종이 '아우님이 왔습니다. 주인어른께서 살찐 송아지를 잡으셨습니다. 건강하고 무사하게 돌아온 것을 반겨서입니다.'라고 하였습니다. 큰아들은 화가 나서 집으로 가려 하지 않았습니다. 그러자 아버지가 나와서 그를 달랬습니다. 그는 아버지에게 '보십시오. 저는 이렇게 여러 해를 두고 아버지를 섬기고 있고, 아버지의 명령을 한 번도 어긴 일이 없는데, 제게는 친구들과 즐기라고 염소 새끼 한 마리도 주신 일이 없습니다. 그러나 아버지께서는 창녀들과 어울려서 재산을 탕진해 버린 그 아들이 오자마자 그를 위해 살찐 송아지를 잡으셨습니다.'라고 하였습니다. 아버지가 '얘야, 너는 늘 나와 함께 있지 않느냐? 또 내가 가진 모든 것이 다 네 것 아니냐? 네 아우는 죽었다가 살아났고, 내가 잃었다가 되찾았으니, 즐거워하고 기뻐하는 것이 마땅하지 않겠느냐?'라고 하였습니다."

제10장

지혜로운 청지기

예수가 제자들에게 말하였다.

"어떤 부자에게 청지기가 있었는데, 이 청지기가 주인의 재산을 낭비한다고 고발당하였네. 주인이 그를 불러놓고 이렇게 말하였느니라.

'자네를 두고 이러쿵저러쿵 하는 얘기가 들리던데, 어찌된 일이냐? 자네가 맡아보던 청지기 일을 정리하게. 더 이상 자네는 청지기가 아닐세.'

그러자 그 청지기가 혼잣말로 이렇게 중얼거렸네.

'주인이 내게서 청지기 직을 빼앗으려 하는데, 어찌 하면 좋을까? 땅을 일굴 수도 없고, 간청하자니 부끄럽구나. 어떻게 할지 내게 해결책이 있다. 이렇게 하면 내가 청지기 직에서 쫓겨나도 사람들은 나를 자기네 집으로 맞이해 줄 것이다.'

그는 주인에게 빚진 사람들을 모두 불러다가 첫 번째 사람에게 '당신이 내 주인에게 진 빚이 얼마요?'라고 물었네. 그가 '기름 백

말이오.'라고 하니, 청지기는 그에게 '빨리 앉아서 당신의 이 빚문서에 쉰 말이라고 적으시오.'라고 하였네. 다른 사람에게 '당신의 빚은 얼마요?'라고 묻자, 그가 '밀 백 말이오.'라고 대답하니, 청지기가 그에게 '당신의 이 빚문서에 여든 말이라고 적으시오.'라고 하였네. 그러자 주인은 그 불의한 청지기를 칭찬하였다네. 그가 일을 슬기롭게 처리하였기 때문이니라. 이는 이 세상의 자녀들이 그들 세대에서는 빛의 자녀들보다 더 슬기롭기 때문이니라.

그러므로 내 그대들에게 말하거니와, 불의한 재물로 친구를 사귀어라. 그러면 죽을 때 그들이 그대들을 영원한 처소로 맞아들일 것이다. 가장 작은 일에 충실한 사람은 큰일에도 충실하고, 가장 작은 일에 불의한 사람은 큰일에도 불의하다네. 만약 불의한 재물에도 충실하지 못하다면 누가 참된 부를 그대들에게 맡기겠느냐? 만약 남의 것에 충실하지 못하다면 누가 그대들의 몫을 그대들에게 주겠느냐? 두 주인을 섬기는 종은 없다네. 그가 한 편을 미워하고 다른 편을 사랑하거나, 그렇지 않으면 한 편을 떠받들고 다른 편을 업신여길 것이기 때문이네. 그대들은 하느님과 재물을 함께 섬길 수 없느니라."

탐욕스러운 바리새인들은 이 모든 말씀을 듣고서 예수를 비웃었다. 그러자 예수가 말하였다.

"당신들은 사람들 앞에서 스스로를 의롭다고 하는 사람들입니다. 그러나 하느님은 당신들의 마음을 압니다. 사람들 가운데서 높이 존경받는 것은 하느님이 보기에 혐오스러운 것입니다.

자신의 아내를 버리고 다른 여자와 결혼하는 사람은 누구든 간음하는 것이요, 남편으로부터 버림받은 여자와 결혼하는 남자도 간음하는 것입니다.

어떤 부자가 있었는데, 그는 날마다 자색옷과 고운 베옷을 입고 호화로운 생활을 하였습니다. 그리고 나사로Lazarus라 불리는 어떤 거지가 있었는데, 그는 헌데 투성이의 몸으로 부잣집 대문 앞에 누워서, 그 부자의 식탁에서 떨어지는 부스러기라도 주워 먹을 요량이었습니다. 심지어 개들이 와서 그의 헌데를 핥았습니다. 그러다가 결국 그 거지는 죽어서 천사들에 의해 아브라함Abraham, 구약성서 '창세기'에 기록된 이스라엘 민족의 조상-옮긴이의 품으로 인도되었고, 그 부자도 죽어서 묻혔습니다. 부자가 지옥에서 고통을 당하다가 눈을 들어서 보니, 멀리 아브라함이 보이고, 그의 품에 나사로가 있었습니다. 그래서 그가 소리쳤습니다.

'아버지 아브라함이시여, 저를 불쌍히 여겨 주십시오. 손가락 끝에 물을 찍어서 제 혀를 시원하게 해주도록 나사로를 보내 주십시오. 저는 이 불 속에서 몹시 고통을 당하고 있습니다.'

아브라함이 말하였습니다.

'아들아, 살아 있을 때에 너는 온갖 복을 다 누렸고, 나사로는 온갖 불행을 다 겪었던 것을 기억해 보거라. 그래서 그는 지금 여기에서 위로를 받고, 너는 고통을 받는다. 이 모든 것 말고도 우리와 너희 사이에는 큰 구렁텅이가 가로놓여 있어서, 여기에서 너

희에게로 건너가려고 해도 갈 수 없고, 거기에서 우리에게로 건너오려고 해도 오지 못한다.'

부자가 말하였습니다.

'아버지, 나사로를 제 아비생부–옮긴이의 집으로 보내 달라고 기도하겠습니다. 저는 형제가 다섯이나 있습니다. 나사로가 가서 경고하여 제발 그들만은 고통 받는 이곳에 오지 않도록 해주십시오.'

아브라함이 말하였습니다.

'그들에게는 모세와 예언자들이 있으니, 그들의 말을 듣게 하라.'

부자가 말하였습니다.

'아닙니다. 아버지 아브라함, 만약 죽은 사람 누군가가 그들에게 가면 그들이 회개할 것입니다.'

아브라함이 말하였습니다.

'만약 그들이 모세와 예언자들의 말을 듣지 않는다면 죽은 사람들 가운데서 어떤 사람이 살아난다 해도 그들을 설득할 수 없을 것이니라.'"

예수가 제자들에게 말하였다.

"죄짓는 일이 없을 수는 없다네. 그렇더라도 죄를 짓는 사람에게는 화가 있을 것이네. 이 어린 사람들 가운데 한 사람을 죄짓게 하는 것보다 차라리 자기 목에 연자 맷돌을 매달고 바다에 빠지는 것이 나을 것이네. 그대들은 스스로 조심하라. 만약 그대의 형제가 죄를 짓거든 꾸짖고, 회개하거든 용서하라. 만약 그가 하루에 일곱 번 죄를 짓고 일곱 번 돌아와서 회개하면, 그대는 용서해야 하네. 그런데 밭을 갈거나 양을 치는 종을 가지고 있는 그대들 가운데 누가 그 종이 들에서 돌아올 때 가서 식사하라고 말하겠느냐? 오히려 그에게 '내가 먹을 것을 준비하거라. 내가 먹고 마시는 동안에 너는 띠를 두르고 시중을 들거라. 그런 다음에야 먹고 마시거라.'라고 하지 않겠느냐? 그 종이 명령대로 하였다고 해서 주인이 그에게 고마워하겠느냐? 나는 그렇게 생각하지 않는다. 이와 같이 그대들도 명령을 받은 대로 다하고 나서 '우리는 쓸모없는 종입니다. 우리는 마땅히 해야 할 일을 하였을 뿐입니다.' 라고 하였느리라."

예수가 하느님의 나라가 언제 오느냐는 바리새인들의 질문을 받고 대답하였다.

"하느님의 나라는 볼 수 있게 오지 않습니다. 노아Noe, 구약성서 '창세기'에 나오는 홍수 설화의 주인공-옮긴이 시대에 있었던 것처럼 사람의 아들의 날에도 또한 그러할 것입니다. 노아가 방주에 들어가는 날까지, 사람들은 먹고, 마시고, 장가가고, 시집가고 하였는데, 마침내 홍수가 나서 그들을 모두 멸망시켰습니다. 롯Lot, 아브라함의 조카-옮긴이 시대에도 또한 그와 같은 일이 벌어졌습니다. 사람들이 먹고, 마시고, 사고, 팔고, 나무를 심고, 집을 짓고 하였는데, 그러나 롯이 소돔Sodom, 구약성서 '창세기'에 나오는 사해 부근에 있던 도시-옮긴이에서 떠나던 날, 하늘에서 불과 유황이 비 오듯 쏟아져서 그들을 모두 멸망시켰습니다. 이처럼 사람의 아들이 나타나는 날에도 그럴 것입니다. 그날 지붕 위에 있는 사람은 자기 물건들이 집 안에 있더라도 그것들을 꺼내려고 내려가지 마십시오. 또한 들에 있는 사람도 마찬가지로 집으로 돌아가지 마십시오. 롯의 아내롯의 가족이 소알로 피하는 과정에서 소돔에 두고온 삶에 미련이 남아 하나님의 명령을 어기고 뒤돌아보았다가 소금 기둥이 되었다는 롯의 아내-옮긴이를 기억하십시오. 자기 목숨을 보존하려고 애쓰는 사람은 누구든 목숨을 잃을 것이요, 목숨을 잃는 사람은 보존할 것입니다.

내 당신들에게 말하거니와, 그날밤에 두 사람이 한 침대에 누워 있어도 한 사람은 데려가고, 한 사람은 남겨 둘 것입니다. 두 여자가 함께 맷돌질을 하고 있어도 한 사람은 데려가고, 한 사람은 남겨 둘 것입니다. 두 사람이 함께 들에 있어도 한 사람은 데려가고, 한 사람은 남겨 둘 것입니다."

예수가 비유를 들어 사람들에게 늘 기도하고 낙심하지 말라고 말하였다.

"어느 마을에 하느님을 두려워하지도 사람을 존중하지도 않는 한 재판관이 있었습니다. 그리고 그 마을에 과부가 한 사람이 있었는데, 그녀는 재판관에게 와서 '제 원수들에게 원한을 갚아 주십시오.'라고 말하였습니다. 재판관은 한동안 들어주려 하지 않다가, 얼마 뒤에 그는 혼잣말로 '나는 정말 하느님을 두려워하지 않고, 사람도 존중하지 않지만, 이 과부가 나를 귀찮게 하니, 그녀의 원수를 갚아줄 것이다. 그렇게 하지 않으면 그녀가 계속 찾아와서 나를 못 견디게 할 것이다.'라고 하였습니다."

예수가 말하였다.

"당신들은 이 불의한 재판관이 뭐라 말하였는지 들으십시오. 하느님께서 밤낮으로 부르짖는 자신이 선택한 사람들의 원한을 갚아주지 않고 그들과 함께 오래 참고만 있겠습니까? 당신들에게 말하는데, 하느님께서 재빨리 그들의 원한을 갚아 주실 것입니다. 그럼에도 불구하고 사람의 아들이 올 때 과연 세상에서 믿음을 찾아볼 수 있겠습니까?"

스스로 의롭다고 믿고 다른 사람들을 멸시하는 몇몇 사람에게 예수는 이런 비유를 들어 말하였다.

"두 사람이 기도하러 성전으로 올라갔습니다. 한 사람은 바리새인이고, 다른 한 사람은 세리입니다. 바리새인은 서서 혼자 이렇게 기도하였습니다.

'하느님, 저는 다른 사람들, 즉 착취하는 자나 불의한 자나 간음하는 자들과 같지 않으며, 또 이 세리와도 같지 않음에 감사합니다. 저는 일주일에 두 번씩 금식하고, 제가 얻은 모든 것의 십일조를 바칩니다.'

그런데 세리는 멀찍이 서서 차마 눈을 들어 하늘을 우러러볼 엄두도 못 내고, 가슴을 치면서 '하느님, 죄인인 저에게 자비를 베풀어 주십시오.'라고 하였습니다.

내 당신들에게 말하거니와, 세리가 바라새인들보다 의롭게 되어 자기 집으로 내려갔습니다. 자신을 높이는 사람은 모두 낮아질 것이고, 자신을 낮추는 사람은 모두 높아질 것입니다."

길을 지나가다, 예수가 어떤 마을에 들어갔다. 마르다Martha라고 하는 여자가 예수를 자기 집으로 모셔 들였다. 그녀에게는 동생 마리아Mary가 있었는데, 마리아는 예수의 곁에 바싹 다가앉아서 말씀을 듣고 있었다. 그러나 마르다는 여러 가지 접대하는 일로 분주하였다. 마르다가 예수에게 와서 말하였다.

"주님, 제 동생이 저 혼자 접대하도록 내버려두어도 아무렇지 않습니까? 제 동생에게 가서 저를 거들어 주라고 하십시오."

예수가 마르다에게 대답하였다.

"마르다여, 마르다여, 당신은 여러 가지 일로 염려하며 수고하고 있습니다. 그러나 필요한 일은 하나뿐입니다. 마리아는 좋은 쪽을 택하였습니다. 그러니 그녀에게서 그것을 빼앗지 못할 것입니다."

제11장
포도밭의 일꾼

시간이 흘러 어느덧, 예수가 말씀을 마치고 갈릴리를 떠나 요단 강 건너편 유대 바닷가로 갔다. 많은 무리들이 예수를 따랐다. 바리새인들 또한 와서 예수를 시험하여 말하였다.

"무엇이든 이유만 있다면 남편이 아내를 버려도 합법적입니까?"

예수가 대답하였다.

"태초에 사람을 만든 분이 남자와 여자를 만들었다는 것에 대해 읽어보지 못했습니까? 이런 까닭에 남자는 아버지와 어머니를 떠나 아내와 합하여 둘이 한 몸이 되어야 합니다. 따라서 그들은 더 이상 둘이 아니라 한 몸입니다. 그러므로 하느님이 짝지어 주신 것을 사람이 갈라놓아서는 안 됩니다."

그들이 말하였다.

"그러면 왜 모세는 아내를 버리려면 이혼증서를 주라고 명령하였습니까?"

예수가 대답하였다.

"모세는 이혼하려는 당신들의 마음이 확고하기 때문에 아내를 버리는 것을 허락한 것이지, 본래부터 그랬던 것은 아닙니다. 내 당신들에게 말하거니와, 누구든지 음행한 까닭이 아닌데도 아내를 버리고 다른 여자에게 장가드는 사람은 간음하는 것입니다. 또 버려진 여자와 결혼하는 것도 간음하는 것입니다."

제자들이 예수에게 말하였다.

"만약 남편이 아내와 그래야만 한다면, 결혼하는 것은 좋은 일이 아니겠습니다."

예수가 말하였다.

"모든 사람이 모두 이 말을 받아들일 수 있는 것은 아니라네. 하느님이 허락한 사람들만이 구원을 받게 되네. 엄마 뱃속에서부터 고자로 태어난 사람도 있고, 사람들에 의해서 고자가 된 사람도 있고, 또 하늘나라를 위하여 스스로 고자가 된 사람도 있다네. 이 말을 받아들일 수 있는 사람은 받아들이니라."

그때 사람들이 어린아이들을 데려와서 예수가 그들에게 손을 얹어 기도해 주기를 바랐다. 그러자 제자들이 그들을 꾸짖었다. 예수가 말하였다.

"어린아이들이 내게 오도록 내버려 두어라. 하늘나라는 이런 사람들의 것이니라."

예수가 그들에게 손을 얹어 주고는 거기를 떠났다. 어떤 사람이 다가와서 예수에게 말하였다.

“보십시오, 착한 선생님, 제가 영생을 얻으려면 어떤 착한 일을 해야 합니까?”

예수가 말하였다.

“왜 당신은 나를 착하다고 하십니까? 착한 분은 오직 한 분, 하느님 밖에 없습니다. 당신이 생명으로 들어가고자 한다면 계명을 지키십시오.”

그가 어떤 계명이냐고 묻자 예수가 대답하였다.

“살인하지 마라, 간음하지 마라, 도둑질하지 마라, 거짓으로 증언하지 마라, 네 아버지와 어머니를 공경하라. 그리고 네 이웃을 네 몸 같이 사랑하라.”

젊은이가 예수에게 말하였다.

“저는 이 모든 것을 어려서부터 다 지켰습니다. 아직도 무엇이 부족합니까?”

예수가 말하였다.

“당신이 완전한 사람이 되고 싶거든, 가서 당신이 가진 것들을 팔아서 가난한 사람들에게 주십시오. 그러면 당신은 하늘에서 보물을 갖게 될 것입니다. 그러고 나서 나를 따르십시오.”

그러나 젊은이는 그 말씀을 듣고 슬픔에 가득 차 떠나갔다. 그는 재산을 많이 갖고 있었기 때문이다.

예수가 제자들에게 말하였다.

“내 진정으로 그대들에게 말하거니와, 부자는 하늘나라에 들어가기가 매우 어렵느니라. 내 다시 그대들에게 말하거니와, 부자가 하느님의 나라에 들어가는 것보다 낙타가 바늘귀를 통과하는 것이 더 쉬우니라."

제자들이 이 말씀을 듣고 매우 놀라서 말하였다.

"그러면 구원을 받을 수 있는 사람은 누구입니까?"

예수가 말하였다.

"이 일이 사람들에게는 불가능하나, 하느님은 모든 것을 다 하실 수 있다네. 하늘나라는 자기 포도밭에서 일할 일꾼을 고용하려고 이른 아침에 집을 나선 포도밭 주인과 같네. 그는 일꾼들과 하루 품삯을 1페니로 합의하고, 그들을 포도밭으로 보냈네. 그리고 제3시아홉 시-옮긴이쯤 장터에 나가보니 빈둥거리는 사람들이 있어서, 그들에게 '당신들도 포도밭에 가서 일하시오. 적당한 품삯을 주겠소.'라고 하자, 그들이 갔네. 주인이 다시 제6시열두 시-옮긴이와 제9시오후 세 시-옮긴이쯤에 나가서도 그렇게 하였네. 주인이 제11시오후 다섯 시-옮긴이쯤에 나가 보니 아직도 빈둥거리고 있는 사람들이 있어서 그들에게 '왜 당신들은 여기서 온종일 빈둥거리고 있소?'라고 하였네. 그러자 그들은 '아무도 우리를 고용하지 않았기 때문입니다.'라고 하니, 주인이 그들에게 '당신들도 포도밭에 가십시오. 적당한 품삯을 주겠소.'라고 하였네.

그렇게 하여 날이 저물자 포도밭 주인이 관리인에게 일꾼들을 불러 맨 나중에 온 사람부터 시작하여 맨 먼저 온 사람에게까지 품삯을 주라고 하였네. 오후 제11시부터 일한 일꾼들이 와서 각자 1페니씩 받았네. 그런데 맨 처음에 온 사람들은 은근히 좀 더 받을 걸로 생각하고 있었는데, 그들도 각자 1페니씩 받았네. 그들은 받고 나서 맘씨 좋은 주인에게 이렇게 투덜거렸네.

'마지막에 온 사람들은 한 시간 밖에 일하지 않았는데도, 당신은 온종일 찌는 더위 속에서 고생한 우리들과 그들을 똑같이 대우하였습니다.'

그러자 주인이 그들 가운데 한 사람에게 이렇게 말하였네.

'여보시오, 나는 당신을 부당하게 대우하지 않았소. 당신은 나와 1페니로 합의하지 않았소? 당신의 품삯이나 받아 가지고 돌아가시오. 나는 당신에게 주는 것과 똑 같이 마지막 사람에게도 줄 것입니다. 내 것을 가지고 내 뜻대로 하는 것이 불법이오? 내가 선한 것이 그대 눈에 거슬리오? 꼴찌가 첫째가 되고, 첫째가 꼴찌가 될 것입니다. 왜냐하면 많은 사람이 부름을 받지만 택함을 받은 사람은 적기 때문입니다.'"

예수가 여리고Jericho로 들어가서 그곳을 지나갔다. 마침 그곳에 세리장이자 부자인 삭개오Zacchaeus라 불리는 사람이 있었다. 삭개오는 예수가 누구인지를 보려고 하였으나 무리에게 가려서 볼 수 없었다. 그는 키가 작았기 때문이었다. 그래서 그는 예수를 보기 위해 앞서 달려서 뽕나무에 올라갔다. 예수가 그 길을 지나갈 것이기 때문이었다. 예수가 그곳에 와서 올려다보고는 그에게 말하였다.

"삭개오여, 어서 내려오시오. 오늘은 내가 당신 집에 묵어야겠습니다."

삭개오는 서둘러 내려와서 기쁘게 예수를 맞았다. 그런데 사람들이 그 광경을 보고서 모두 이렇게 수군거렸다.

"예수가 죄인의 집의 손님이 되었다."

삭개오가 일어서서 주님예수—옮긴이에게 말하였다.

"보십시오, 주님. 제 재산의 절반을 가난한 사람들에게 주겠습니다. 또 만약 제가 누구에게서 부정한 방법으로 강탈한 것을 가지고 있으면 네 배로 갚겠습니다."

예수가 말하였다.

"오늘 구원이 이 집에 이르렀소. 그도 역시 아브라함의 아들이오. 사람의 아들이 잃어 버린 사람을 찾아 구원하기 위해 왔기 때문이오."

그들이 이 말씀을 듣고 있을 때, 예수가 덧붙여서 비유를 하나 들어 말하였다. 예수가 예루살렘 가까이에 이르른 것을 보고 그들이 하느님의 나라가 당장 나타날 줄로 생각하고 있었기 때문이다.

"어떤 귀족이 왕국을 받아서 돌아오려고 먼 나라로 길을 떠났습니다. 이때 그는 자기 종 열 사람을 불러다가 그들에게 10파운드를 주고서 '내가 올 때까지 이것을 가지고 있어라.'라고 하였습니다. 그러나 백성들은 그 귀족을 미워하여 뒤따라 소식을 보내어 '우리는 이 사람이 우리를 통치하는 것을 원하지 않습니다.'라고 하였습니다. 시간이 흘러 어느덧, 귀족은 왕국을 받아 가지고 돌아와서 돈을 맡긴 종들이 각각 장사를 하여 얼마씩 벌었는지 알아보려고 종들을 불러오라고 명령하였습니다. 첫 번째 종은 '주인님, 저는 주인님이 주신 1파운드로 10파운드를 벌었습니다.'라고 하였습니다. 주인은 '착한 종아, 잘했다. 네가 가장 작은 일에 신실하였으니, 열 마을을 다스리는 권세를 차지하거라.'라고 하였습니다. 두 번째 종은 '주인님, 저는 주인님의 1파운드로 5파운드를 벌었습니다.'라고 하였습니다. 주인은 이 종에게도 마찬가지로 '너도 다섯 마을을 다스리는 권세를 차지하거라.'라고 하였습니다. 다른 종은 와서 '주인님, 보십시오. 주인님의 1파운드가 여기 있습니다. 저는 이것을 수건에 싸서 보관해 두었습니다. 주인님은 맡기지 않은 것을 찾아가고, 심지 않은 것을 거두는 엄한 분이라, 저는 주인님이 무서웠기 때문입니다.'라고 하였습니다. 그러자 주인은 '이 몹쓸 종아, 나는 네 입에서 나오는 말로 너를 심판하겠다. 너는 내가 애먼 사람이어서 맡기지 않은 것을 찾아가고 심지 않은 것을 거두어 가는 줄 알고 있었구나. 그러면 너는 어찌하여 내 돈을 은행에 맡기지 않았느냐? 그랬더라면 내가 돌아와서 이자와 함께 그 돈을 돌려받았을 것 아니냐?'라고 하였습니다. 그러고 나서 그는 곁에 서 있는 사람들에게 '그에게서 1파운드를 빼앗아서 10파운드를 가진 사람에게 주거라.'라고 하였습니다 . (그들이 "주인님, 그는 10파운드를 가지고 있습니다."라고 하였습니다.) 내 너희에게 말하거니와, 가진 사람은 더 받게 될 것이고, 가지지 못한 사람은 가진 것마저도 빼앗길 것이다. 그러나 내가 통치하는 상황이 일어나지 않았으면 하는 나의 이 원수들을 여기로 끌어다가 내 앞에서 죽이거라.'"

예수가 이 말을 하고서, 앞장서서 걸으며 예루살렘으로 올라갔다.

제12장
혼인잔치에 초대

그들예수일행-옮긴이이 예루살렘 가까이에 이르러 올리브Olives 산이 있는 벳바게Bethphage 마을에 왔을 때, 예수가 두 제자를 보내며 말하였다.

"그대들이 맞은편 마을로 가면 곧 나귀 한 마리가 매여 있는 것을 발견할 텐데, 새끼와 함께 있을 것이다. 그것들을 내게로 끌고 오너라. 만약 누군가가 그대들에게 뭐라 하거든 '주께서 나귀를 필요로 합니다.'라고 하여라. 그러면 곧 보내줄 것이니라."

제자들은 가서 예수가 이른 대로 하였다. 제자들이 나귀 어미와 새끼를 예수에게로 끌고 와서 옷을 입히고, 그리고 그 위에 예수를 태웠다. 아주 많은 무리들이 길에다 자기들의 겉옷을 펼쳐 놓았고, 나머지 사람들은 나뭇가지들을 꺾어다가 깔았다. 예수가 예루살렘에 들어오자, 온 마을이 "이 사람이 누구냐?"라고 말하며 요동쳤다.

바리새인들이 서로 "얼마나 부질없는 짓을 하는지 아느냐? 보라. 온 세상이 그를 따라가고 있다."라고 말하였다. 명절을 쇠러 올라온 사람들 가운데 그리스인헬라인—옮긴이이 몇 명 있었는데, 그들이 갈릴리 벳새다 사람 빌립Philip에게 와서 "선생님, 우리가 예수를 뵙고 싶습니다."라고 청하였다. 빌립이 안드레Andrew에게 와서 말하고, 안드레와 빌립이 다시 예수에게 말하였다. 예수가 대답하였다.

"사람의 아들이 영광을 받을 때가 왔습니다. 내 진정으로 진정으로 당신들에게 말하거니와, 땅에 떨어진 밀알 하나가 죽지 않으면 한 알 그대로이지만, 만약 죽으면 열매를 많이 맺습니다."

그리고 예수가 그들을 두고 마을에서 나가 베다니Bethany, 예루살렘 외곽 올리브 산 기슭에 자리 잡은 마을—옮긴이로 가서 거기에서 묵었다. 이튿날 예수는 베다니에서 나와 성전으로 들어가서 성전 안에서 팔고 사는 사람들을 내쫓기 시작하였고, 환전상들의 테이블과 비둘기를 파는 사람들의 의자를 뒤엎었다. 또 누구든지 성전을 가로질러 어떤 기물도 옮기지 못하도록 하였다. 예수가 가르쳤다.

"내 집은 만민이 기도하는 집으로 불릴 것이라고 쓰여 있지 않습니까? 그런데 당신들은 이곳을 강도들의 소굴로 만들었습니다."

율법학자들과 대제사장들이 이 말을 듣고, 예수를 없애 버릴 방도를 찾았다. 사람들이 모두 예수의 가르침에 놀라고 있었기 때문에 그들은 예수를 두려워하고 있었던 것이다. 저녁때가 되자, 예수는 마을 밖으로 나갔다.

그들예수일행-옮긴이이 다시 예루살렘으로 왔다. 예수가 성전에서 거닐고 있었는데, 대제사장과 율법학자와 원로들이 왔다. 예수가 그들에게 말하였다.

"당신들은 어떻게 생각합니까? 어떤 사람에게 아들이 둘 있는데, 아버지가 맏아들에게 가서 '아들아, 오늘 포도밭에 가서 일하거라.'라고 하였습니다. 그러자 맏아들이 '하지 않겠습니다.'라고 하였다가 나중에 뉘우치고 일하러 갔습니다. 아버지가 둘째아들에게 가서 같은 말을 하였습니다. 둘째아들은 '예, 아버지, 가겠습니다.'라고 하고는 가지 않았습니다. 그럼 이 둘 가운데 누가 아버지의 뜻을 따랐습니까?"

그러자 그들은 예수에게 "맏아들"이라고 대답하였다. 예수가 말하였다.

"내 진정으로 당신들에게 말하거니와, 세리와 창녀들이 당신들보다 먼저 하느님의 나라에 들어갑니다. 또 다른 비유를 들어 보겠습니다. 어떤 사람이 포도밭을 일구어서 울타리를 치고, 포도즙을 짜는 곽을 파고, 망루를 세웠습니다. 그리고 그것을 농부들에게 소작을 주고, 먼 나라로 떠났습니다. 때가 되어 주인은 포도밭 도지를 받으려고 종 한 사람을 소작인들에게 보냈습니다. 그런데 그들은 그 종을 붙잡아 때리고서 빈손으로 돌려보냈습니다. 주인이 다시 다른 종을 소작인들에게 보냈습니다. 그랬더니 그들은 돌을 던져 종의 머리에 상처를 입히고 모욕을 주어 돌려 보냈습니다. 주인이 또 다른 종을 소작인들에게 보냈습니다. 그랬더니 그들은 그 종을 죽였습니다. 그러고도 다른 많은 종을 보냈는데, 더러는 때리고, 더러는 죽였습니다. 이제 그에게는 가장 사랑하는 단 한 사람, 아들이 남아 있었습니다. 그는 아들을 그들에게 마지막으로 보내며 '그들이 내 아들은 존중할 거야.'라고 하였습니다. 그러나 소작인들은 서로 '이 사람은 상속자다, 그를 죽여 버리자, 그러면 유산은 우리의 차지가 될 것이다.'라고 하였습니다. 그리고 그들은 그를 잡아서 죽이고, 포도밭 바깥에다가 내던졌습니다. 그럼 포도밭 주인은 어떻게 해야 합니까? 그는 와서 소작인들을 죽이고, 포도밭을 다른 사람들에게 줄 것입니다."

대제사장들과 바리새인들은 예수의 비유를 듣고서 자기들을 두고 하는 말임을 알았다. 그들이 예수를 손으로 붙잡으려고 하였으나 무리들을 무서워하였다. 무리들이 예수를 예언자로 알고 있었기 때문이다.

예수가 다시 여러 가지 비유로 말하였다.

"하늘나라는 자기 아들의 혼인 잔치를 베푼 어떤 왕과 같습니다. 왕이 종들을 보내어서 잔치에 초대받은 사람들을 불러오게 하였는데, 그들은 오려고 하지 않았습니다. 다시 다른 종들을 보내며, 왕은 이렇게 말하였습니다. '초대받은 사람들에게 말하라. 보라. 내가 만찬을 다 차렸고, 황소와 살찐 짐승을 잡았고, 모든 것이 준비되었으니, 어서 잔치에 오라.' 그러나 초대받은 사람들은 그 말을 들은 척도 하지 않고, 저마다 제갈길로 떠나갔습니다. 한 사람은 밭으로 가고, 다른 사람은 장사하러 갔습니다. 그리고 나머지 사람들은 왕이 보낸 종들을 붙잡아서 모욕하고 죽였습니다. 왕이 이 얘기를 듣고 화가 나서 군대를 보내어 그 살인자들을 죽이고, 마을을 불살라 버렸습니다. 그러고 나서 종들에게 '혼인 잔치는 준비되었는데, 초대받은 사람들은 이것을 받을 만한 자격이 없다. 그러니 너희는 큰길로 나가서 아무나 만나는 대로 잔치에 청하여 오너라.'라고 하였습니다. 종들이 큰길로 나가서 악한 사람이나 선한 사람이나 만나는 대로 다 데려왔습니다. 그래서 혼인 잔치 자리는 손님으로 가득 차게 되었습니다. 왕이 손님들을 만나러 들어갔다가 거기에 혼인 예복을 입지 않은 사람을 보고서 그에게 '친구여, 그대는 혼인 예복을 입지 않고 어떻게 여기에 들어왔는가?'라고 하였습니다. 그는 아무 말도 하지 못하였습니다. 그러자 왕이 종들에게 '그의 손발을 묶어서 바깥 어두운 데로 내던져라. 거기에서 슬피 울며 이를 갈 것이다.'라고 하였습니다. 부름 받은 사람은 많으나 뽑힌 사람은 적습니다."

그때 바리새인들이 나가서, 어떻게 하면 예수의 말에서 트집을 잡아 올가미를 씌울까 의논하였다. 그런 다음에 그들은 자기네 제자들을 헤롯Herodians 당원들과 함께 예수에게 보내어 이렇게 말하게 하였다.

"선생님, 우리는 선생님이 진실한 분이고, 하느님의 길을 참되게 가르치며, 아무도 개의치 않은 줄로 압니다. 선생님은 사람의 겉모습을 따지지 않기 때문입니다. 그러니 선생님의 생각이 어떤지 말씀해 주십시오. 카이사르Caesar에게 세금을 바치는 것이 옳습니까, 그렇지 않습니까?"

예수가 그들의 사악한 마음을 알고 이렇게 말하였다.

"위선자들이여, 어찌하여 나를 시험하시오? 세금으로 내는 돈을 내게 보여주시오."

그러자 그들은 1페니애초는 데나리온으로 표기돼 있으나 영어로 번역되면서 페니로 씀-옮긴이짜리 한 닢을 예수에게 가져다주었다. 예수가 이를 보고 그들에게 물었다.

"이 초상과 새긴 글자는 누구의 것입니까?"

그들이 말하였다.

"카이사르의 것입니다."

그러자 예수가 말하였다.

"그러면 카이사르의 것은 카이사에게 돌려주고, 하느님의 것은 하느님께 돌려드리시오."

그들이 이 말을 듣고서 탄복하여 예수를 떠나 그들의 길을 갔다. 같은 날, 부활은 없다고 말하는 사두개인Sadducees들이 예수에게 와서 물었다.

"선생님, 모세는 어떤 사람이 자식이 없이 죽으면, 그 동생이 형수에게 장가들어서 형의 뒤를 이을 자녀를 세워 주어야 한다고 말하였습니다. 그런데 우리 이웃에 일곱 형제가 살고있었습니다.

맏이가 결혼하여 살다가 자식이 없이 죽으면서 동생에게 아내를 남겨 두게 되었습니다. 둘째도, 셋째도, 그렇게 해서 일곱째까지 모두 마찬가지로 그렇게 하기에 이르렀습니다. 마침내 그 여자도 죽었습니다. 그렇다면 부활 때에 그 여자는 일곱 가운데서 누구의 아내가 됩니까? 그들이 모두 그 여자를 아내로 맞이하였기 때문입니다."

예수가 대답하였다.

"당신들은 성경도 모르고, 하느님의 능력도 몰라서 잘못 생각하고 있습니다. 부활하면 장가들지 않고, 시집가지 않고, 하늘에 있는 하느님의 천사들처럼 됩니다. 죽은 사람들의 부활에 관해 하느님께서 하신 말씀을 아직도 읽지 못하였습니까? '나는 아브라함의 하느님, 이삭의 하느님, 야곱의 하느님이다'라고 말하지 않았습니까? 하느님은 죽은 사람의 하느님이 아니라 살아 있는 사람의 하느님입니다."

그러자 무리들이 이 말씀을 듣고, 예수의 가르침에 놀랐다. 율법학자 가운데 한 사람이 와서 그들이 함께 변론하는 것을 들었다. 그는 대답을 잘 하는 것을 보고서 예수에게 "모든 계명 가운데 가장 으뜸은 어느 것입니까?"라고 물었다. 예수가 대답하였다.

"모든 계명의 으뜸은 '들으라, 오, 이스라엘이여, 우리 주 하느님은 한 분 주이신데, 네 마음을 다하고, 네 영혼을 다하고, 네 생각을 다하고, 네 힘을 다하여 주 너의 하느님을 사랑하여라.'입니다. 그리고 두 번째는 이렇습니다. '네 이웃을 네 몸과 같이 사랑하여라.' 이 계명보다 더 큰 계명은 없습니다. 이 두 계명에 모든 율법과 예언들이 달려 있습니다."

율법학자가 예수에게 말하였다.

"선생님, 옳습니다. 선생님은 진리를 말씀하셨습니다. 하느님은 한 분이지요, 그 밖에 다른 이는 없습니다. 또 마음을 다하고, 지혜를 다하고, 영혼을 다하고, 힘을 다하여 하느님을 사랑하는 것과 이웃을 자기 몸 같이 사랑하는 것이 모든 번제와 희생제보다 더 낫습니다."

제13장
가난한 과부의 헌금

예수가 무리들과 제자들에게 말하였다.

"율법학자들과 바리새인들이 모세의 자리에 앉아 있습니다. 그러므로 그들이 당신들에게 지키라고 한 것은 무엇이든 다 행하고 지키십시오. 그러나 그들의 행실은 따르지 마십시오. 그들은 말만 하고, 실행하지는 않기 때문입니다. 그들은 지기 힘든 무거운 짐을 꾸려서 사람들의 어깨에 지워놓고, 자기는 그 짐을 나르는데 손가락 하나도 까딱하지 않습니다. 그들이 하는 일은 모두 사람들에게 보이기 위해 하는 것입니다. 그들은 가죽 성구함을 크게 만들고, 옷단을 더 넓게 늘립니다. 그리고 잔치에서는 가장 윗자리를, 회당에서는 가장 높은 자리에 앉기를 좋아하고, 장터에서 인사받기와 사람들에게 랍비Rabbi, 유대교의 율법학자-옮긴이 랍비라고 불리기를 즐깁니다. 그러나 당신들은 랍비라 불리지 마십시오. 당신들의 선생님은 한 분, 바로 그리스도Christ이고, 그대들은 모두 형제이기 때문입니다. 세상에는 아버지라 불릴 사람이 없습니다. 당신들의 아버지는 하늘에 계신 한 분뿐이기 때문입니다. 또 당신들은 선생님이라고 불리지 마십시오. 당신들의 선생님은 그리스도 한 분뿐이기 때문입니다. 당신들 가운데 으뜸가는 사람이 당신들의 종이 되어야 합니다. 자기를 높이는 사람은 누구든지 낮아지고, 자기를 낮추는 사람은 누구든지 높아질 것입니다.

위선자들인 율법학자들과 바리새인들이여, 당신들에게 화가 있을 것입니다. 사람들 앞에서 하늘나라의 문을 닫아서 당신들 자신은 물론이거니와 들어가려는 다른 사람들까지도 들어가지 못하게 하였기 때문입니다.

위선자들인 율법학자들과 바리새인들이여, 당신들에게 화가 있을 것입니다. 과부들의 집을 헌금으로 받고현재 이 구절은 공동번역 성서에서는 빠져있음—옮긴이, 남들에게 보이고자 길게 기도하기 때문입니다. 그러므로 당신들은 큰 심판을 받을 것입니다.

위선자들인 율법학자들과 바리새인들이여, 당신들에게 화가 있을 것입니다. 개종자 한 사람을 만들려고 바다와 육지를 두루 다니다가 한 사람이 생기면, 그를 당신들보다 배나 더 못된 지옥의 자식으로 만들기 때문입니다.

눈먼 안내자들이여, 당신들에게 화가 있을 것입니다. 누구든지 성전을 두고 맹세하는 것은 상관없으나, 성전의 금을 두고 맹세하면 빚진 사람이 됩니다. 당신 어리석고 눈먼 사람들이여, 어느 것이 더 중합니까? 금입니까, 금을 거룩하게 하는 성전입니까?

누구든 제단을 두고 맹세하는 것은 상관없으나, 제단 위에 있는 제물을 두고 맹세하면 그는 죄인입니다. 당신 눈먼 사람들이여, 어느 것이 중합니까, 제물입니까, 제물을 거룩하게 하는 제단입니까? 제단을 두고 맹세하는 사람은 제단과 그 위에 있는 모든 것에 맹세하는 것이요, 성전을 두고 맹세하는 사람은 성전과 그 안에 계신 분을 두고 맹세하는 것이요, 또 하늘을 두고 맹세하는 사람은 하느님의 보좌와 그 위에 앉으신 분을 두고 맹세하는 것입니다.

위선자들인 율법학자들과 바리새인들이여, 당신들에게 화가 있을 것입니다. 당신들은 박하mint, 청량감이 나는 천연향신료-옮긴이와 아니스anise, 달콤하고 상큼한 맛이 나는 향신료-옮긴이와 커민cummin, 자극적인 맛이 나는 향신료-옮긴이의 십일조는 바치면서 정의와 자비와 믿음과 같은 율법의 더 중요한 요소들은 버렸습니다. 이런 것들도 반드시 했어야 하고, 저런 것들도 소홀히 하지 말았어야 하였습니다.

당신 눈먼 안내자들이여, 당신들은 하루살이율법의 세세한 항목-옮긴이는 걸러내고 낙타율법의 정신-옮긴이는 삼키는군요. 위선자들인 율법학자들과 바리새인들이여, 당신들에게 화가 있을 것입니다. 잔과 접시의 겉은 깨끗이 닦지만, 속은 탐욕과 방종으로 가득 차 있기 때문입니다.

당신 눈먼 바리새인들이여. 먼저 잔과 접시의 속을 깨끗이 하십시오. 그러면 그 겉도 깨끗하게 될 것입니다.

위선자들인 율법학자들과 바리새인들이여, 당신들에게 화가 있을 것입니다. 겉으로는 아름답게 보이지만, 그 안에는 죽은 사람의 뼈와 온갖 더러운 것이 가득한 회칠한 무덤과 같기 때문입니다. 이와 같이 당신들도 겉으로는 사람들에게 정의롭게 보이지만, 속에는 위선과 불법이 가득하답니다.

위선자들인 율법학자들과 바리새인들이여, 당신들에게 화가 있을 것입니다. 예언자들의 무덤을 만들고, 의인들의 기념비를 꾸미며, '만약 우리가 조상들의 시대에 살았더라면, 조상들이 예언자들을 피 흘리게 하는 일에 가담하지 않았을 것이다.'라고 하였는데, 당신들은 예언자들을 죽인 자들의 자손임을 스스로 증언하였기 때문입니다. 그러므로 당신들은 조상들이 하던 악행을 마저 하십시오. 당신 뱀들이여, 독사들의 세대여, 당신들이 어떻게 지옥의 저주를 피하겠습니까?"

예수가 헌금함 맞은편에 앉아서 사람들이 어떻게 헌금함에 돈을 넣는가를 보고 있었다. 많이 넣는 부자가 여럿 있었다. 그런데 가난한 과부 한 사람이 와서 한 파딩farthing, 영국의 옛 화폐 단위로, 4분의 1페니-옮긴이의 값어치인 두 렙티mites, 작은 돈이란 의미-옮긴이를 넣었다. 그러자 예수가 제자들을 불러서 말하였다.

"내 진정으로 그대들에게 말하거니와, 이 가난한 과부가 헌금함에 돈을 넣었던 어느 누구보다도 더 많은 헌금을 하였네. 사람들은 모두 자기들의 여력이 허락하는 범위 안에서 넣었지만, 이 과부는 가난한데도 생활비조차 모두를 털어서 넣었느니라."

예수가 나와서 성전을 떠나는데, 제자들이 성전 건물들을 예수에게 보여주려고 나오자 예수가 그들에게 말하였다.

"그대들이 이 모든 것을 보지 못하였느냐? 내 진정으로 말하거니와, 여기 돌 하나도 돌 위에 남지 않고 다 무너질 것이네. 그때 유대에 있는 사람들은 산으로 도망쳐라. 지붕 위에 있는 사람은 집 안의 물건을 꺼내려고 내려오지 마라. 들에 있는 사람은 겉옷을 가지러 뒤로 돌아가지 마라. 그날에는 임신한 여자들과 젖먹이가 딸린 여자들에게 화가 있을 것이니라. 그대들이 도망치는 일이 겨울이나 안식일에 일어나지 않도록 기도하라. 그때 큰 환난이 닥칠 것인데, 그런 환난은 세상 처음부터 이제까지 없었고, 또 결코 없을 것이니라. 환난이 있은 뒤에는 곧바로 해는 어두워지고, 달은 빛을 잃고, 별들은 하늘에서 떨어지고, 하늘의 권능들은 흔들릴 것이니라.

무화과나무의 비유를 배우라. 가지가 유연해지고 잎이 돋으면, 여름이 가까이 온 줄로 안다네. 이와 같이 당신들도 이 모든 일이 일어나는 것을 보고 그 일이 문 앞에 가까이 온 줄로 알아야 하느니라. 그러나 그날과 그때는 아무도 모르네. 모르니라, 심지어 하늘의 천사들도 모르니라. 오직 나의 아버지만이 아신다네. 노아의 때처럼 사람의 아들이 올 때에도 그러할 것이니라. 그들은 홍수가 나기 전의 날들부터 노아가 방주에 들어가던 날까지 먹고 마시고 장가들고 시집가며 지냈네. 그리고 홍수가 나서 그들을 모두 휩쓸어 가기까지, 그들은 아무 것도 알지 못하였는데, 사람의 아들이 올 때도 그러할 것이니라. 그때 두 사람이 밭에 있다면, 한 사람은 데려가고, 다른 한 사람은 남겨 둘 것이네. 두 여자가 맷돌질을 하고 있다면, 한 사람은 데려가고, 다른 한 사람은 남겨 둘 것이네. 깨어 있으라. 그대들은 주께서 어느 시간에 올지를 알지 못하기 때문이니라. 하지만 이것은 알고 있으라. 만약 집주인이 밤에 언제 도둑이 올지를 안다면, 그는 깨어 있으면서 도둑이 집을 뚫고 들어오지 못하도록 할 것이네. 이처럼 그대들도 준비를 하고 있으라. 주인이 자기 집 하인들을 맡기고 제때에 양식을 내주라고 시킬 수 있는 신실하고 슬기로운 종이 누구겠느냐? 주인이 돌아와서 그렇게 하고 있는 종을 보면 그 종은 복이 있느니라. 내 진정으로 그대들에게 말하거니와, 주인은 그를 자기의 모든 재산을 다스리는 사람으로 삼을 것이네. 그러나 만약 그가 나쁜 종이어서 마음속으로 '주인이 늦게 온다'고 하여 동료 종들을 때리고, 주정뱅이들과 어울려 먹고 마신다면, 종이 생각지도 않은 날 뜻밖의 시각에 주인이 와서, 그러면 주인이 그를 잘라내어서 위선자들과 함께 응당한 벌을 받게 할 것이므로 그는 거기서 울며 이를 갈고 있을 것이니라."

제14장
신랑을 맞는 열 처녀

예수가 말하였다.

"하늘나라는 등불을 들고 신랑을 맞으러 나간 열 명의 처녀와 같다고 할 수 있습니다. 그들 가운데 다섯은 슬기로웠고, 다섯은 어리석었습니다. 어리석은 처녀들은 등불은 들었으나, 기름을 여분으로 마련하지 않았습니다. 그러나 슬기로운 처녀들은 등불과 함께 통에 기름도 마련하였습니다. 신랑의 도착이 늦어지자 처녀들은 모두 졸다가 잠이 들었습니다. 그런데 한밤중에 외치는 소리가 났습니다. '보라. 신랑이 온다. 나가서 맞이하여라.' 그때 처녀들이 모두 일어나서 제 등불을 조절하였습니다. 어리석은 처녀들이 슬기로운 처녀들에게 '우리 등불이 꺼지려고 해, 너희들의 기름을 좀 나눠주어.'라고 하였습니다. 그러나 슬기로운 처녀들은 '그럴 수 없어. 우리와 너희들이 함께 쓰기에는 충분하지 않아. 그러니 차라리 기름장수한테 가서 너희가 쓸 것을 사 와.'라고 하였습니다. 그리고 그들이 기름을 사러 간 사이에 신랑들이 왔습니다. 준비하고 있던 처녀들은 신랑과 함께 혼인잔치에 들어가고, 그리고 문이 닫혔습니다. 어리석은 처녀들이 나중에 와서 '주님, 주님, 문을 열어 주십시오.'라고 애원하였습니다. 그러나 그는 '내 진정으로 말하거니와, 나는 당신들을 알지 못합니다.'라고 하였습니다. 그러므로 깨어 있어야 합니다.

하늘나라는 마치 먼 나라로 여행을 떠나면서 자기 종들을 불러 재산을 맡기는 사람과 같습니다. 그는 각 종들의 능력에 따라 한 사람에게는 다섯 달란트를, 다른 사람에게는 두 달란트를, 또 다른 사람에게는 한 달란트를 주고 곧바로 여행을 떠났습니다. 그런데 다섯 달란트를 받은 종은 가서 그것으로 장사를 하여 다섯 달란트를 더 벌었습니다. 두 달란트를 받은 종도 그와 같이 하여 두 달란트를 더 벌었습니다. 그러나 한 달란트를 받은 사람은 가서 땅을 파고 주인의 돈을 숨겼습니다.

오랜 뒤에 주인이 돌아와서 그들과 셈을 하게 되었습니다. 다섯 달란트를 받은 종은 다섯 달란트를 더 가지고 와서 '주인님, 주인님께서 제게 다섯 달란트를 맡기셨는데, 보십시오, 다섯 달란트를 더 벌었습니다.'라고 하였습니다. 주인은 '착하고 신실한 종아, 잘했구나. 네가 작은 일에 신실하였으니, 이제 내가 많은 일을 네게 맡기겠다. 네 주인의 기쁨을 누려라.'라고 하였습니다.

두 달란트를 받은 종도 와서 '주인님, 주인님께서 두 달란트를 제게 맡기셨는데, 보십시오, 두 달란트를 더 벌었습니다.'라고 하였습니다. 주인은 '착하고, 신실한 종아, 잘했구나. 네가 작은 일에 신실하였으니, 이제 내가 많은 일을 네게 맡기겠다. 네 주인의 기쁨을 누려라.'라고 하였습니다.

그 다음, 한 달란트를 받은 사람은 와서 '주인님, 저는 주인님이 심지 않은 데서 거두고 뿌리지 않은 데서 모으는 엄격한 분인 줄로 알고 무서워 물러가서 그 달란트를 땅에 숨겨 두었습니다. 보십시오, 여기에 그 돈이 있으니 받으십시오.'라고 하였습니다. 그러자 주인은 '악하고 게으른 종아, 너는 내가 심지 않은 데서 거두고, 뿌리지 않은 데서 모으는 줄로 알고 있었구나. 그렇다면, 너는 마땅히 내 돈을 은행에 맡겼어야 했네. 그랬더라면 내가 왔을 때 내 돈에 이자를 붙여 받을 수 있었을 것이네.'라고 하였습니다. 그러고는 그에게서 그 한 달란트를 빼앗아서 열 달란트를 가진 사람에게 주었습니다. 가진 사람에게는 더 주어서 넘치게 하고, 없는 사람에게서는 있는 것마저 빼앗을 것입니다. 이 쓸모없는 종은 바깥 어두운 데로 쫓겨났습니다. 그는 거기서 슬피 울며 이를 갈고 있을 것입니다."

예수가 또 말하였다.

"당신들은 스스로 조심해서 방탕과 술취함과 세상살이 걱정으로 마음이 짓눌리지 않게 하고, 또한 그날사람의 아들이 오는 날-옮긴이이 당신들 모르게 닥치지 않게 하시오. 그날은 온 세상에 사는 모든 사람에게 닥칠 것이오. 그러니 당신들은 앞으로 일어날 이 모든 일을 능히 피하고 또 사람의 아들 앞에 설 수 있도록 늘 기도하면서 깨어 있어야 합니다."

예수가 또 말하였다.

"사람의 아들은 영광을 안고, 모든 거룩한 천사와 더불어 와서 영광스러운 보좌에 앉을 것입니다. 그리고 그는 모든 민족을 자기 앞으로 불러 모아 목자가 양들로부터 염소들을 갈라놓듯 그들을 한 편과 다른 편으로 갈라서 양은 오른쪽에, 염소는 왼쪽에 세울 것입니다. 그때 왕이 오른쪽에 있는 사람들에게 '오라. 내 아버지께 복을 받은 사람들아, 창세기부터 그대들을 위하여 준비한 이 나라를 이어받아라. 내가 굶주렸을 때에 먹을 것을 주었고, 목말랐을 때에 마실 것을 주었고, 나그네가 되었을 때에 영접하였고, 헐벗었을 때에 입을 것을 주었고, 병들었을 때에 돌보아 주었고, 감옥에 갇혔을 때에 찾아 주었기 때문이니라.'라고 할 것입니다.

그때 의인들이 '주님, 저희가 언제 주님께서 주리신 것을 보고 잡수실 것을 드리고, 목마른 것을 보고 마실 것을 드렸습니까? 우리가 언제 나그네 되신 것을 보고 영접하고, 헐벗으신 것을 보고 입을 것을 드렸습니까? 또 우리가 언제 병 드시거나 감옥에 갇히신 것을 보고 찾아갔습니까?'라고 할 것입니다.

그러면 왕은 '내 진정으로 그대들에게 말하거니와, 그대들이 여기 내 형제자매 가운데 지극히 보잘 것 없는 한 사람에게 한 것이 곧 내게 한 것이다.'라고 할 것입니다.

왕이 역시 왼쪽에 있는 사람들에게도 '그대 저주받은 자들아, 내게서 떠나서, 악마와 악마의 천사들을 위해서 준비한 영원한 불 속으로 들어가거라. 그대들은 내가 굶주렸을 때에 먹을 것을 주지 않았고, 목말랐을 때에 마실 것을 주지 않았고, 나그네 되었을 때에 영접하지 않았고, 내가 병 들었을 때나 감옥에 갇혔을 때에 찾아 주지 않았다.'라고 할 것입니다. 그러면 그들도 역시 '주님, 우리가 언제 주님께서 굶주리신 것이나, 목마르신 것이나, 나그네 되신 것이나, 병드신 것이나, 감옥에 갇히신 것을 보고도 돌보아 드리지 않았다는 것입니까?'라고 할 것입니다.

그러면 왕은 '내 진정으로 그대들에게 말하거니와, 여기 이 사람들 가운데서 지극히 보잘 것 없는 한 사람에게 하지 않은 것이 곧 내게 하지 않은 것이다.'라고 할 것입니다.

그리하여 그들은 영원한 형벌로 들어가고, 의인들은 영원한 삶으로 들어갈 것입니다."

제15장
최후의 만찬

이틀 후면 유월절과 무교절The feasts of Unloavened Bread, 無酵節, 유월절 다음날부터 일주일 동안 발효시키지 않은 빵을 먹는 유대 명절-옮긴이이었다. 대제사장들과 율법학자들은 흉계를 어떻게 꾸며 예수를 붙잡아 죽일지를 궁리하고 있었다. 하지만 그들은 "백성들 사이에서 소동이 일어나지 않도록 명절날에는 하지 말자."라고 하였다.

예수가 베다니에 있는 나병 환자 시몬의 집에 머무르며 식사를 하고 있을 때, 한 여자가 매우 값진 감송spikenard, 甘松, 뿌리에서 향긋한 냄새가 나는 나무-옮긴이 향유가 든 옥합을 가지고 와서, 그 옥합을 깨뜨리고, 향유를 예수의 머리에 부었다.

그러자 그들 가운데 몇몇이 화를 내면서 "어찌하여 향유를 이렇게 낭비하시오? 이 향유는 삼백 페니 이상 받고 팔아서 가난한 사람들에게 줄 수도 있었을 텐데."라고 말하면서 그 여자를 나무랐다. 예수가 말하였다.

"이 여자를 가만두십시오. 왜 괴롭힙니까? 그녀는 내게 좋은 일을 하였습니다. 가난한 사람들은 늘 당신들과 함께 있으니, 당신들이 하려고만 하면 언제든지 그들을 도울 수 있습니다. 그러나 나는 늘 당신들과 함께 있는 것이 아닙니다. 이 여자는 자신이 할 수 있는 일을 하였습니다. 내 몸에 향유를 부어 내 장례를 치르려고 미리 온 것입니다."

그때 열두 제자 가운데 한 사람인 유다 이스카리옷Judas Iscariot이라 불리는 사람이 대제사장들에게 가서 말하였다.

"예수를 넘겨주면, 제게 무엇을 줄 것입니까?"

그들은 유다와 은돈 서른 닢을 주기로 약정했다. 그때부터 유다는 예수를 배신할 기회를 노리고 있었다. 무교절 첫날 제자들이 예수에게 와서 말하였다.

"유월절 음식을 어디에다 차릴까요?"

예수가 말하였다.

"마을로 아무개를 찾아가서 '선생님께서 말씀하시기를, 나의 때가 가까워졌으니 내가 그대의 집에서 제자들과 함께 유월절을 지키겠다 하십니다.'라고 말하여라."

그래서 제자들은 예수가 그들에게 지시한 대로 하고, 유월절을 준비하였다. 저녁때가 되자, 예수가 열두 제자와 함께 식탁에 앉았다. 그런데 제자들 사이에서 누구를 가장 큰 사람으로 여길 것인지를 놓고 다툼이 벌어졌다. 예수가 그들에게 말하였다.

"이방Gentiles 나라의 왕들이 백성들에게 군주권을 행사하는데, 백성들에게 권위를 행사하는 자들은 후원자라 불린다오. 그러나 그대들은 그렇게 되지 마라. 그대들 가운데서 가장 큰 사람은 가장 어린 사람과 같이 되어야 하고, 또 다스리는 사람은 섬기는 사람과 같이 되어야 하느니라. 누가 더 높으냐, 밥상 앞에 앉은 사람이냐, 시중드는 사람이냐, 밥상 앞에 앉은 사람이 아니냐? 그러나 나는 시중드는 사람으로서 그대들 가운데에 와 있느니라."

저녁 식사를 마쳤다. 예수가 자리에서 일어나 겉옷을 벗어 한쪽에 놓고, 수건을 가져다가 허리에 둘렀다. 그리고 대야에 물을 부은 다음 제자들의 발을 씻어주고, 허리에 두른 수건으로 닦아주기 시작하였다. 예수가 시몬 베드로Simon Peter에게 오자 베드로가 말하였다.

"주님, 주님께서 제 발을 씻으시렵니까?"

예수가 대답하였다.

"그대가 지금은 내가 하는 일을 알지 못하지만 나중에는 알게 될 것이니라."

베드로가 말하였다.

"주께서 제 발은 절대로 씻지 못합니다."

예수가 대답하였다.

"만약 내가 그대의 발을 씻어 주지 못하면 그대는 나와 상관없는 사이가 된다네."

시몬 베드로가 말하였다.

"주님, 제 발뿐만 아니라, 손과 머리까지도 씻어 주십시오."

예수가 말하였다.

"이미 목욕한 사람은 발 밖에는 씻을 필요가 없다. 그대들은 깨끗하다네. 그러나 그대들이 다 그런 것은 아니라네."

예수는 자기를 배반할 사람이 누구인지를 알고 있었다. 그래서 "그대들이 다 깨끗한 것은 아니라네."라고 말한 것이다. 예수가 제자들의 발을 씻어 준 뒤 옷을 입고 식탁에 다시 앉아서 그들에게 말하였다.

"내가 그대들에게 한 일이 무엇인지를 알겠느냐? 그대들이 나를 선생님, 또는 주님이라고 부르는데, 그것은 맞는 말이네. 내가 사실 그러하느니라. 그대들의 주이며 선생인 내가 그대들의 발을 씻어 주었으니, 그대들도 마땅히 서로 남의 발을 씻어 주어야 한다. 내가 그대들에게 본을 보인 것이니, 그대들도 내가 그대들에게 한 것처럼 행하여야만 하느니라. 내 진정으로 진정으로 그대들에게 말하거니와, 종이 주인보다 더 위대할 수 없고, 보냄을 받은 사람이 보낸 사람보다 더 위대할 수 없다네. 만약 그대들이 이런 것들을 알고 그대로 행하면 복이 있느니라."

예수가 이 말을 하고 나서 괴로운 마음을 털어놓았다.

"내 진정으로 진정으로 그대들에게 말하거니와, 그대 가운데 한 사람이 나를 배반할 것이오."

제자들은 예수가 누구를 두고 하는 말일까 의아해 하며 서로 쳐다보았다. 제자들 가운데 예수가 사랑하는 한 사람이 예수의 품에 기대어 있었다. 그러므로 시몬 베드로가 그에게 고갯짓을 하여 예수가 누구를 두고 한 말인지 여쭈어 보라고 하였다. 그러자 그는 예수의 가슴에 바싹 기대어 "주님, 그가 누구입니까?"라고 물었다. 예수가 대답하였다.

"내가 이 빵 조각을 적셔서 주는 사람이 바로 그 사람이니라."

그러고는 빵 조각을 적셔서 시몬의 아들 유다 이스카리옷에게 주었다. 그래서 그가 나가자 예수가 말하였다.

"내가 그대들에게 새로운 계명을 주겠네. 내가 그대들을 사랑한 것처럼 그대들은 서로 사랑하라. 그대들은 서로 사랑하라. 만약 그대들이 서로 사랑한다면 이것으로써 모든 사람들이 그대들이 나의 제자인 줄을 알게 될 것이다. 그런데 그대들은 오늘밤 모두 나 때문에 죄짓게 될 것이니라."

베드로가 예수에게 대답하였다.

"비록 모든 사람이 선생님 때문에 죄를 짓는다 해도 저는 결코 죄를 짓지 않을 것입니다. 저는 감옥이든 죽는 자리든 모두 주님과 함께 갈 준비가 되어 있습니다."

예수가 말하였다.

"베드로야, 내 그대에게 말하거니와, 오늘 닭이 울기 전에 그대가 세 번 나를 알지 못한다고 부정할 것이니라."

베드로가 예수에게 "비록 제가 선생님과 함께 죽는 한이 있을지라도 절대로 선생님을 모른다고 하지 않을 것입니다."라고 하자, 다른 제자들도 모두 그렇게 말하였다.

그때 예수가 제자들과 함께 겟세마네Gethsemane, 예루살렘의 올리브 산 초입에 있는 동산-옮긴이라고 하는 곳으로 가서 제자들에게 말하였다.

"내가 저곳으로 가서 기도하는 동안에 그대들은 여기에 앉아 있으라."

예수는 베드로와 세베대Zebedee의 두 아들을 데리고 가서 슬퍼하고 몹시 괴로워하기 시작했다. 예수가 말하였다.

"마음이 괴로워 죽을 지경이다. 그대들은 여기에 머물며 나와 함께 깨어 있어야 하느니라."

예수가 조금 더 나아가서 얼굴을 땅에다 대고 엎드려서 기도하였다.

"오, 나의 아버지, 하실 수만 있으시면, 이 잔이 저를 지나가게 해주십시오. 그렇더라도 제 뜻대로 하지 마시고, 아버지의 뜻대로 하십시오."

그러고 나서 예수가 제자들에게 왔는데, 그들이 자고 있는 것을 발견하였다. 베드로에게 말하였다.

"그대들은 한 시간도 나와 함께 깨어 있을 수 없는 것인가? 시험에 들지 않도록 깨어서 기도하여라. 마음은 간절히 원하지만, 몸이 약하구나."

예수는 다시 두 번째로 가서 기도하였다.

"오, 나의 아버지, 제가 마시지 않고서는 이 잔이 저에게서 지나갈 수 없다면, 아버지의 뜻대로 하십시오."

그러고 나서 예수가 다시 와서 그들이 자고 있는 것을 보았다.

그들의 눈꺼풀이 너무 무거웠기 때문이다. 예수가 그들을 남겨두고 다시 가서 같은 말을 하며 세 번째 기도를 하였다. 그러고는 예수가 제자들에게 와서 말하였다.

"이제는 자거라. 쉬거라."

第16장
유다의 배반

예수가 이 말하느님께서 세상 사람들 가운데에서 뽑아 자신에게 맡긴 사람들을 위해 자신의 몸을 하느님께 바치겠다는 말-옮긴이을 하고서 제자들과 함께 키드론Kidron, 시온산 남동쪽에 있는 골짜기-옮긴이 개울 건너편으로 가서 그곳에 있는 동산으로 들어갔다. 예수를 배반한 유다 역시 그곳을 알고 있었다. 예수가 제자들과 함께 그곳에서 여러 번 모였었기 때문이다.

유다는 한 떼의 사람들과 대제사장들과 바리새인들이 보낸 성전 경비병들을 데리고 등불과 횃불과 무기를 들고 그곳으로 왔다. 이제 예수를 배반한 사람이 그들에게 "내가 입을 맞추는 사람이 바로 그 사람이니, 재빨리 그를 붙잡으십시오."라고 말하고는 신호를 주었다. 유다가 예수에게 와서 "만세, 선생님!" 하고서는 입을 맞추었다. 예수가 그에게 말하였다.

"친구여, 그대가 무슨 일로 여기에 왔는가?"

예수가 자신에게 닥쳐올 일을 모두 알고는 앞으로 나아가서 말하였다.

"당신들이 찾는 사람이 누구요?"

그들이 "나사렛 사람 예수."라고 대답하자, 예수가 "내가 그 사람이오."라고 말하였다. 예수를 배반한 유다도 그들과 함께 서 있었다. 예수가 그들에게 "내가 그 사람이오."라고 말하자마자 그들은 뒤로 물러나다 땅에 엎어졌다. 그때 예수가 다시 "당신들이 찾는 사람이 누구요?"라고 물었고, 그들은 "나사렛 사람 예수."라고 하였다.

예수가 대답하였다.

"내가 그 사람이라고 말하지 않았소? 만약 당신들이 나를 찾는다면 이 사람들은 자기의 길로 가게 하십시오."

그들이 와서 예수에게 손을 대어 붙잡았다. 그때 예수의 일행 가운데 한 사람이 손을 뻗어 칼을 빼내어 대제사장의 종을 내리쳐서 귀를 잘랐다. 예수가 말하였다.

"칼을 도로 칼집에 꽂으십시오. 칼을 쓰는 사람은 모두 칼로 망합니다."

동시에 예수가 무리들에게 말하였다.

"당신들은 강도에게 하듯 칼과 몽둥이를 들고 나를 잡으러 온 것입니까? 내가 날마다 성전에 앉아서 가르치고 있었지만, 당신들은 나를 붙잡지 않았습니다."

그때 제자들이 모두 예수를 버리고 달아났다. 그런데 어떤 젊은이가 맨몸에 세마포 천을 두르고 예수를 따라가고 있었다. 청

년들이 그를 잡으려고 하자, 그는 세마포 천을 버리고 맨몸으로 도망쳤다.

예수를 붙잡은 사람들은 그를 대제사장 가야바Caiaphas에게로 끌고 갔다. 그곳에는 율법학자들과 원로들이 모여 있었다. 시몬 베드로가 예수를 따랐고, 또 다른 제자 한 사람도 그렇게 하였다. 그 제자는 대제사장과 아는 사이라서 예수와 함께 대제사장의 집 안뜰에까지 들어갔다.

베드로는 대문 밖에 서 있었다. 그런데 대제사장과 아는 사이인 그 제자가 다시 나와서 문지기 하녀에게 말하고 베드로를 데리고 들어갔다. 날이 추워서 종들과 경비병들이 모닥불을 피워놓고 서서 쬐고 있었는데, 베드로도 그들과 함께 서서 불을 쬐었다. 문지기 하녀가 베드로에게 "당신도 이 사람의 제자 가운데 한 사람이 아닌가요?"라고 물으니, 베드로가 "나는 아닙니다."라고 말하였다.

시몬 베드로가 계속 서서 불을 쬐고 있었다. 사람들이 그에게 "당신도 그의 제자 가운데 한 사람이 아닌가요?"라고 묻자, 베드로는 "나는 아니오." 하고 부인하였다.

대제사장의 종 가운데 베드로에게 귀를 잘렸던 사람의 한 친척이 베드로에게 "당신이 동산에 그와 함께 있는 것을 내가 보지 않았던가요?"라고 묻자, 베드로가 다시 부인하였다. 그러자 곧바로 닭이 울었다.

베드로는 예수가 자신에게 "닭이 울기 전에 그대가 나를 세 번

모른다고 할 것이오."라고 하였던 말을 기억하고는 바깥으로 나가서 비통하게 울었다.

대제사장이 그때 예수에게 제자와 가르침에 대해 물었다. 예수가 대답하였다.

"나는 드러내 놓고 세상에 말하였습니다. 언제나 나는 모든 유대 사람이 모이는 회당과 성전에서 가르쳤고, 아무 것도 비밀리에 말한 것이 없습니다. 그런데 왜 내게 물으시오? 내가 무슨 말을 하였는지 내 말을 들은 사람들에게 물어 보십시오. 그들은 내가 말한 것을 알고 있습니다."

예수가 이런 말을 하고 있을 때, 경비병 하나가 곁에 서 있다가 손바닥으로 예수를 때리면서 "너는 대제사장에게 그런 식으로 대답하느냐?"라고 하자, 예수는 이렇게 말하였다.

"만약 내가 잘못 말했다면 잘못 되었다는 증거를 대시오. 그러나 내가 올바로 말했다면 왜 당신이 나를 때리시오?"

그들이 예수를 최고 대제사장에게로 끌고 갔다. 그곳에는 대제사장들과 원로들과 율법학자들이 모두 모여들었다. 대제사장들과 모든 의회가 예수를 사형에 처하려고 증거를 찾았으나, 찾아내지 못하였다. 예수에게 거짓 증언을 하는 사람이 많았지만, 그들의 증언이 서로 들어맞지 않았다. 어떤 사람이 일어나 예수에게 반하는 거짓 증언을 하였다.

"우리는 그가 '내가 사람의 손으로 지은 이 성전을 허물고, 사람의 손으로 짓지 않은 다른 성전을 사흘 만에 세우겠다'고 한 말을 들었소.'"

그러나 그의 증언도 역시 서로 들어맞지 않았다. 그래서 대제사장이 한가운데에서 일어나 예수에게 물었다.

"아무 것도 대답할 게 없느냐? 이 증언들이 그대에게 불리하지 않은가?"

그러나 예수는 침묵을 지키고 아무 대답도 하지 않았다. 대제사장이 다시 예수에게 물었다.

"그대는 복된 분의 아들 그리스도냐?"

예수가 말하였다.

"내가 말하여도 당신들은 믿지 않을 것입니다. 그리고 만약 내가 역시 당신들에게 묻는다 해도 대답하지 않고 가게 하지도 않을 것입니다."

그때 그들 모두가 말하였다.

"네가 하느님의 아들이냐?"

예수가 말하였다.

"당신들이 말한 대로 내가 그입니다."

그때 대사장이 자기 옷을 찢으며 말하였다.

"이제 우리에게 무슨 증언이 더 필요한가? 여러분은 모독하는 말을 들었다. 여러분은 어떻게 생각하는가?"

그러자 그들은 모두 예수는 사형을 받아 마땅하다고 정죄하였다. 그들 가운데 더러는 예수에게 침을 뱉기 시작하였고, 얼굴을 가리고 주먹으로 때리면서 "알아맞혀 보라!"라고 하였다. 그리고 하인들은 예수를 손바닥으로 때렸다.

그들이 예수를 가야바Caiaphas 집에서 재판정으로 끌고 갔다. 때는 이른 아침이었다. 그들은 몸을 더럽게 하지 않아야 유월절 음식을 먹을 수 있어서 재판정 안에는 들어가지 않았다. 그때 빌라도가 그들에게 가서 말하였다.

"이 자를 무슨 일로 고소하느냐?"

그들이 대답하였다.

"예수가 악한 사람이 아니라면 우리가 그를 넘기지 않았을 것입니다."

빌라도가 말하였다.

"그를 데리고 가서, 당신들의 법에 따라 재판하라."

유대인들이 말하였다.

"우리가 그를 사형에 처하는 것은 적법하지 않습니다."

빌라도가 다시 재판정으로 들어가 예수를 불러내어 물었다.

"네가 유대인의 왕이냐?"

예수가 대답하였다.

"당신이 하는 이 말은 당신 스스로 하는 말이오, 그렇지 않으면 다른 사람들이 나를 두고 당신에게 해준 말이오?"

빌라도가 대답하였다.

"내가 유대인이냐? 그대의 민족과 대제사장들이 그대를 내게 넘겼다. 그대는 무슨 일을 했느냐?"

예수가 대답하였다.

"나의 왕국은 이 세상에 속한 것이 아닙니다. 만약 내 왕국이 이 세상에 속한 것이라면, 내 부하들이 싸워서 나를 유대인들의 손에 넘어가지 않게 했을 것입니다. 그러나 지금 내 왕국은 이 세상에 속한 것이 아닙니다."

빌라도가 예수에게 "그러면 네가 왕이냐?" 하니, 예수가 대답하였다.

"당신이 말한 대로 나는 왕입니다. 나는 진리를 증언하려고 태어났으며, 진리를 증언하려고 이 세상에 왔습니다. 진리의 편에 선 사람은 누구나 내가 하는 말을 듣습니다."

빌라도가 예수에게 "진리가 무엇이냐?"라는 말을 하고나서 다시 유대인들에게로 나와서 이렇게 말하였다.

"나는 그에게서 아무 죄도 찾지 못하였소."

그러자 그들은 더욱 강경하게 말하였다.

"그는 갈릴리에서 시작하여 여기에 이르기까지, 온 유대를 누비며 가르치면서 백성을 선동하였습니다."

빌라도가 예수에게 말하였다.

"그들이 얼마나 많이 그대에게 불리한 증언을 하였는데, 들리지 않은가?"

빌라도가 갈리리라는 말을 듣자 "이 사람이 갈릴리 사람이오, 아니오?"라고 물었다. 그는 예수가 헤롯Herod의 관할에 속한 것을 알자마자 헤롯에게 보냈는데, 마침 그때 헤롯이 예루살렘에 있었다.

헤롯이 예수를 보자 매우 기뻐하였다. 그는 예수에 관한 많은 소문을 들었던 터여서 오래 전부터 예수를 보고 싶었고, 또 예수가 일으키는 일에서 어떤 기적을 보고 싶어 하였기 때문이다. 그래서 그는 예수에게 여러 말로 물었다. 그러나 예수는 그에게 아무 대답도 하지 않았다. 그러자 대제사장들과 율법학자들이 서 있다가 예수를 맹렬하게 고발하였다. 헤롯은 자기 호위병들과 함께 예수를 모욕하고 조롱하였다. 그런 다음 화려한 옷을 입혀서 빌라도에게 도로 보냈다. 그리고 헤롯과 빌라도가 전에는 서로 원수였으나, 바로 그날 서로 친구가 되었다. 빌라도가 대제사장들과 통치자들과 사람들을 모두 불러 모아 놓고서 말하였다.

"당신들은 이 사람이 사람들을 선동한다고 하여 내게로 끌고 왔소. 그런데 보십시오. 내가 당신들 앞에서 심문해 보았지만, 당신들이 고소한 것과 같은 죄목 어떤 것도 찾지 못하였소. 아니오. 헤롯 역시 그것을 찾지 못하였소. 그래서 내가 그를 당신들에게 돌려보낸 것이오. 보시오. 이 사람은 사형을 받을 만한 일을 하나도 저지르지 않았소. 그러므로 나는 그를 매질이나 해서 놓아 주겠소."

제17장

십자가에 못 박히다

명절 때마다 총독은 백성들이 원하는 죄수 한 명을 풀어주는 관례가 있었다. 그런데 그때 유명한 바라바Barabbas라 불리는 죄수가 있었다. 사람들을 모아놓고 빌라도가 그들에게 말하였다.

"너희들은 내가 누구를 풀어주기를 바라는가, 바라바냐, 그리스도라고 불리는 예수냐?"

빌라도는 그들이 시기하여 예수를 넘겨주었음을 알고 있었다. 빌라도가 재판을 하고 있을 때, 아내가 사람을 보내어 "당신은 그 정의로운 사람과 아무런 관계도 없게 하세요. 제가 지난밤 꿈에 그 사람 때문에 몹시 괴로움에 시달렸어요."라는 말을 전하였다. 그러나 대제사장들과 원로들이 무리들을 설득해서 바라바를 요구하고, 예수를 죽이라고 하게하였다. 총독이 그들에게 물었다.

"이 두 사람 가운데 누구를 놓아 주기를 바라는가?"

그러고 빌라도가 그들에게 "그럼 내가 그리스도라 하는 예수를 어떻게 하면 좋은가?"라고 묻자, 그들은 모두 "십자가형에 처하십시오."라고 대답하였다.

총독이 "도대체 이 사람이 무슨 나쁜 일을 하였는가?"라고 하자, 그들은 더욱 소리를 지르면서 "예수를 십자가형에 처하십시오."라고 하였다.

그래서 빌라도는 바라바는 풀어주고, 예수는 채찍질한 뒤에 십자가형에 처하라고 넘겨주었다. 총독의 군인들이 예수를 총독 관정common hall으로 끌고 들어가서, 온 부대를 모두 그 앞에 불러 모았다. 그리고 가시로 면류관을 엮어 예수의 머리에 씌우고, 오른손에 갈대를 들게 하였다. 그의 앞에 무릎을 꿇고 "유대인의 왕 만세." 하면서 조롱하였다. 그들이 그에게 침을 뱉고, 갈대를 빼앗아서 머리를 쳤다. 그렇게 그들이 예수를 조롱한 다음, 그들은 주홍색 옷을 벗기고, 도로 그의 옷을 입혔다. 그리고 십자가에 못 박으려고 그를 끌고 나갔다.

그때 예수를 배반한 유다는 예수가 유죄 판결을 받은 것을 보고 스스로 뉘우쳐서 은돈 서른 닢을 대제사장들과 원로들에게 돌려주며 "제가 무고한 피를 배반한 죄를 지었소."라고 말하자, 그들은 "그것이 우리와 무슨 상관이오, 그대의 문제요."라고 하였다. 유다는 그 은돈을 성전에 내던지고 물러가서 스스로 목을 매고 죽었다.

그 은돈들을 주워모은 대사장들은 "이것은 피의 대가이므로 성전 금고에 넣는 것은 부당하오."라고 하면서 처리 방법에 대해 의논하였다. 그들은 그 돈으로 나그네들의 묘지로 사용할 토기장이의 밭을 샀다. 그 밭은 오늘날까지 피의 밭The Field of Blood이라고 불린다.

그들이 예수를 끌고 갈 때 마을에서 온 구레뇨 사람 시몬을 붙들어 십자가를 지워 예수 뒤에서 가게 하였다. 사람들이 큰 무리를 이루어 예수를 따라가고 있었는데, 그를 생각하며 가슴을 치며 통곡하는 여자들도 있었다. 예수가 여자들을 돌아다보고 말하였다.

"예루살렘의 딸들이여, 나를 위하여 울지 말고, 그대들과 그대 자녀들을 위하여 우시오. 보시오, 그날이 오면, '임신하지 못하는 여인과 아기를 낳아 보지 못한 태와 젖을 먹여 본 적이 없는 가슴이 복되다.'라고 그들이 말할 것입니다. 그때 사람들이 산에다 대고 '우리 위에 무너져 내려라.', 그리고 언덕에다 대고 '우리를 덮어 버려라.'라고 말하기 시작할 것입니다. 나무가 푸른 계절에도 사람들이 이렇게 행하는데, 하물며 나무가 마른 계절에야 오죽하겠습니까?"

그리고 다른 두 악행자도 예수와 함께 사형장으로 끌려갔다.

예수가 친히 십자가를 메고 해골의 장소라 불리는 데로 갔다. 그곳은 히브리어로 골고다Golgotha라고 불린다. 거기에서 그들은 예수를 십자가에 못 박았다. 그리고 다른 두 사람도 예수와 함께 십자가에 달아서 예수를 가운데로 하여 양쪽에 세웠다.

빌라도가 명패를 써서 십자가 위에 붙였다. 명패에는 "유대인의 왕 나사렛 예수JESUS OF NAZARETH, THE KING OF THE JEWS"라고 쓰여 있었다.

예수가 십자가에 못 박힌 곳이 마을에서 가까워 많은 유대인들이 이 명패를 읽었다. 히브리어와 라틴어, 헬라어로 적혀 있었다. 그때 유대인의 대제사장들이 빌라도에게 "'유대인의 왕The King of the Jews'이라고 쓰지 말고 '내가 유대인의 왕이다I am King of the Jews'라고 쓰십시오."라고 하였으나 빌라도는 "나는 쓸 것을 썼다."라고 하였다.

예수를 십자가에 못 박은 뒤에 군인들이 그의 옷을 가져다가 네 조각으로 나누어서 한 사람이 한 조각씩 가졌다. 그리고 속옷도 가졌다. 속옷은 이음새 없이 위로부터 아래까지 통째로 짠 것이었다. 그들은 서로 "그것을 찢지 말고 누가 가질 것인지 제비를 뽑자."라고 하였다.

지나가는 사람들이 머리를 흔들면서 예수를 모욕하였다.

"성전을 허물고 사흘 만에 짓겠다던 그대여. 만약 그대가 하느님의 아들이라면, 그대 자신이나 구원해 보라. 십자가에서 내려와 보라."

그들처럼 대제사장들도 율법학자들과 원로들과 함께 조롱하였다.

"그가 다른 사람들은 구원하였으나, 자기 자신은 구원하지 못하는구나. 만약 그가 이스라엘 왕이라면, 지금 십자가에서 내려와 보라고 하라. 그러면 우리가 그를 믿을 터이다. 그가 하느님을 믿었으니 만약 하느님이 그를 원하면 당장 구원하게 하라. 그가 말하기를 '나는 하느님의 아들The Son of God이다'라고 하였기 때문이다."

예수와 함께 매달린 악행자 중의 한 사람도 "당신이 그리스도라면, 너 자신과 우리를 구원해 보라."며 예수를 모독하자, 다른 한 사람은 그를 꾸짖었다.

"같이 처형을 받고 있는 주제에 너는 하느님이 두렵지도 않느냐? 우리는 우리가 저지른 일 때문에 그에 마땅한 벌을 받는 것이 당연하지만 이 분은 아무 것도 잘못한 일이 없다."

그리고 예수에게 말하였다.

"아버지시여, 저 사람들을 용서하여 주십시오. 저 사람들은 자기네가 무슨 일을 하는지 알지 못합니다."

지금 예수의 십자가 곁에는 예수의 어머니와 이모와 클로파Cleophas의 아내 마리아와 막달라 마리아Mary Magdalene가 서 있었다. 예수가 자기 어머니를 보고, 또 그 곁에 사랑하는 제자가 서 있는 것을 보고, 어머니에게 "여인이여, 당신의 아들을 보십시오."라고 말한 다음에 제자에게 "그대 어머니를 보십시오."라고 하였다. 그 시간으로부터 제자는 그 분을 자기 집으로 모시고 갔다.

제9시세 시-옮긴이 즈음에 예수가 큰 목소리로 외쳤다.

"엘리 엘리 라마 사박타니Eli, Eli, lama sabachthani"

이는 "나의 하느님, 나의 하느님, 어찌하여 나를 버리셨나이까?"라는 말이다. 그곳에 서 있던 사람들 가운데 몇이 이 말을 듣고서는 "이 사람이 엘리야를 부르고 있다."라고 하였다. 그러자 그들 가운데 한 사람이 곧바로 달려가 해면을 가져다가 신 포도주에 적셔서 갈대에 꿰어 예수에게 목을 축이라고 주었다. 그러나 나머지 사람들은 "그대로 두고 봅시다. 어디 엘리야가 와서 그를 구하는지 두고 봅시다."라고 하였다.

예수가 다시 큰 목소리로 외치고 나서 숨을 거두었다.

많은 여자들이 멀리서 지켜보고 있었는데, 그들은 예수를 섬기려고 갈릴리에서 따라온 여인들이었다.그들 가운데는 막달라 마리아와 야고보와 요셉의 어머니 마리아, 세베대 아들들의 어머니가 있었다.

그날이 유월절 준비일이므로 유대인들은 안식일에 시체를 십자가에 그냥 두지 않으려고(안식일은 큰날이기 때문) 빌라도에게 그 시체들의 다리를 꺾어서 치워 달라고 요청하였다. 그래서 군인들이 가서 예수와 함께 십자가에 못 박힌 첫째 사람의 다리와 또 다른 사람의 다리를 꺾었다. 그러나 예수에게 와서는 예수가 이미 숨을 거둔 것을 보고 다리를 꺾지 않았다. 병사 하나가 창으로 예수의 옆구리를 찌르니 거기서 피와 물이 흘러 나왔다.

이 일이 있은 후에 예수의 제자이지만 유대인이 무서워서 자신을 숨기고 있던 아리마대 요셉Arimathaea Joseph이 예수의 시체를 거둘 수 있게 해달라고 빌라도에게 청하였다. 빌라도가 허락하자 그가 와서 예수의 시체를 가져갔다. 또 일찍이 밤중에 예수를 찾아왔던 니고데모Nicodemus도 몰약에 알로에를 섞은 것을 약 백

파운드를 가지고 왔다. 그들은 예수의 시체를 가져다가 유대인의 장례 풍속대로 향료를 바르고 세마포로 감았다.

예수가 십자가에 못 박힌 곳이 동산이었는데, 그 동산에는 아직 아무도 장사지낸 일이 없는 새 무덤이 하나 있었다. 그들은 그곳에 예수를 두었다. 큰 돌을 굴려 무덤 문에 놓고 그리고 떠났다.

옮긴이 후기

나는 2013년 말부터 2014년 초봄까지 캐나다와 미국에 잠시 머물렀던 적이 있었는데, 그때 서점 진열대를 휩쓸고 있는 책이 있었다. 『젤롯Zealot』. 기독교에서 이슬람교로 개종한 이력의 소유자인 레자 아슬란Reza Aslan 캘리포니아대학 교수가 쓴 예수에 대한 전기물이었는데, 도대체 어떤 책이기에 이토록 난리법석일까, 하는 호기심이 일었다. 살까 말까 잠깐 망설였다. 순전히 영어로 된 이 책을 과연 읽어낼 수 있기나 할까 싶어서였다. 그러다 샀다. 아이들이 보고 있어서 약간의 호기로움이 포함된 결정이었음을 고백한다.

그렇게 나는 『젤롯』과 만났다. 그러나 완독하기까지는 쉽지 않았다. 딸 아이가 수시로 책 내용에 대해 물어왔는데, 더듬거리는 것도 한두 번이고, 서너 줄 다음의 내용을 한 챕터를 넘어간 것처럼 얘기할 수도 없는 노릇, 그래서 오기가 생겼다. 하루의 대부분을 꼬박 바치면서 사력을 다했고, 읽다보니 다음 내용이 궁금해서 한 페이지 '더' 읽게 되었고, 그러다보니 마지막 페이지까지 다 다랐다. 아마 한 달은 족히 걸렸을지 싶다. 아무튼 그렇게 영어판 『젤롯Zealot』을 완독했다. 완독의 기쁨은 한국어판 번역을 하고 싶다는 교만을 불러오기도 했다.

이 책은 나로 하여금 예수에 대해 재발견하게 했다. 혹 일부 독자는 나의 이 진술을 놓고 '기독교로의 귀의'를 정당화하기 위한 '신앙 간증'이 아니냐고 할지 모르겠다. 하지만 『젤롯Zealot』을 읽기 전이나 읽은 후나 여전히 나는 종교가 없다. 굳이 말하라면 집안의 영향을 받아 아마도 '유교'-유교가 종교인가 하는 문제는 별개로 치더라도-라 할 수 있다.

나는 평소 예수를 비롯한 기독교에 대해 매우 비판적이었다. 나의 비판은, 잘 알지도 못하면서, 또 알려고 하지도 않으면서, 그럼에도 매우 강한 톤이었다. 그런데 이 책은 그런 나의 태도가 잘못됐음을 깨닫게 했다. 비판을 하더라도 알고 하라는 하나의 경고였다. 그럼에도 나의 지적 욕구는 거기에서 멈췄다. 더 이상의 관련 (영어)책들을 읽기가 부담스러웠기 때문이리라.

아마 2014년 4월로 기억된다. 때마침 영화 〈선오브갓Son of God〉이 개봉되었는데, 이 영화는 내 뇌리 속에 잠자고 있던 한 낱말을 기억해냈다. '예수'. 아, 그랬다. 서둘러 영화를 봤다. 『젤롯』과는 상당히 다른 내용들이 많았는데, 그 다양한 이야기가 나의 독서 욕구를 자극했다. 이번에는 망설일 필요가 없었다. 한국어로 된 책을 맘껏 고를 수 있었기 때문이다. 하비 콕스의 『예수, 하버드에 오다』를 비롯하여 오강남의 교수의 『예수는 없다』, 김규항의 『예수전』, 칼릴 지브란의 『사람의 아들』, 티모시 프리크의 『예수는 신화다』 등 예수를 믿음의 대상이 아닌 역사적 인물이라는 관점에서 다루거나 비판적인 입장을 가진 책들이 이 즈음의 나의 주된 독서목록이었다.

특히 리처드 도킨스가 쓴 『만들어진 신God Delusion』은 압권이었다. 도킨스는 미국의 광적인 신앙을 비판하며 무신론자의 자긍심을 높이기 위해 이 책을 썼다고 했다. '인간을 주목하라. 신의 존재를 의심하라.'는 도킨스의 메시지를 따라가다 나는 토머스 제퍼슨이 무신론자라는 사실을 알게 됐다. 도킨스는 『토머스 제퍼슨: 미국의 오만자』라는 전기를 쓴 크리스토퍼 히첸스가 제퍼슨을 무신론자일 가능성이 높다고 본 점을 소개하고 있었다. 그는 "기독교는 여태껏 인간이 갈고 닦은 가장 비뚤어진 체제다."와 같은 말을 증거로 내세워 제퍼슨의 종교관이 "자연신론뿐만 아니라 무신론과도 부합된다."고 했다. 이 책에서는 제퍼슨을 비롯한 미국의 건국 대통령 대다수가 무신론자에 가깝다고 했다.

내가 특별히 '제퍼슨'에 필에 꽂혔던 것은 이 무렵 한 신문에서 읽었던 기사 때문이었다. 신문은 그가 『제퍼슨 바이블The Jefferson Bible』을 썼었다고 했다. 그렇다면 '무신론자'와 '바이블'의 이 어색한 만남은 과연 어떤 모습일까. 이 두 낱말이 오버랩 되면서 내

호기심은 이미 '제퍼슨 바이블'에 닿아 있었다.

나는 가볍게 검색해 볼 요량으로 스마트폰으로 한 인터넷서점 사이트에 접속했다. 평소 아날로그 세대임을 자랑스럽게(?) 내세우며 3G폰이 크게 불편하지 않다고 강변하던 것을 잠시 후회했다. 느려터진 3G에 속 터졌다. 지금은 다시 아날로그를 극찬하고 있지만 그때만큼 LTE폰이 절실했던 적이 없었다. 굼벵이 같은 속도로도 용케 찾아낸 검색결과는 관련 책이 없다고 했다. 그래서 내친김에 구글링을 했다. 그랬더니 몇 가지 관련 기사가 나오고, '스미스소니언Smithsonian' 사이트에 텍스트가 서비스되고 있었다. 스마트폰으로 갈증을 해소하기에는 몇 가지 정보가 주는 임팩트가 컸다. 노트북으로 본격 검색을 시작했다. 노트북 화면에 띄워진 '제퍼슨 바이블'에 관한 정보들은 나를 유혹했고, 겁없이 '제퍼슨 바이블'을 우리말로 옮기는 일에 뛰어들게 만들었다.

아직까지 우리들에게 있어 '제퍼슨 바이블'은 낯설다. 제퍼슨은 알다시피 미국 건국의 아버지이자 3대 대통령인 토머스 제퍼슨Thomas Jefferson인데, 낯익은 이름이다. 그런데 제퍼슨이 '바이블'(예수님의 말씀을 담은 성서)을 썼다? 아, 여기서 제퍼슨이 '썼다'는 말에 어폐가 있음을 지적하고 가야겠다. 엄밀히 말하면 제퍼슨이 쓴 것이 아니라 엮었다고 하는 것이 옳다.

제퍼슨은 1803년 딸에게 보낸 편지에서 "수년 전 친구에게 했었던 단지 좀 늦게 실행에 옮긴 약속"이 있다고 했다. 그것은 바이블에서 거짓말과 픽션이랄 수 있는 부분을 빼고 예수의 지혜랄 수 있는 부분만을 끌어내는 작업이었다. 즉 자신의 종교관을 펼쳐놓는 것이었다. 그런데 제퍼슨은 사실 이 작업을 영국의 신학자이자 철학자인 조지프 프리스틀리Joseph Priestley, 1733~1804가 해주기를 바랐었다. 하지만 유니테리언Unitarian 입장에 있었던 그는 닥칠 박해를 피해 영국으로 피했다가 일찍 죽었다.

그러자 1804년 2월 어느 날 저녁 제퍼슨은 바이블을 펴고 생각해오던 작업을 시작한다. 영어, 프랑스어, 헬라어, 라틴어 바이블에서 가장 진정한 예수의 모습을 서술한 부분으로 여겨지는 구절을 잘라내어 옥타보octavo 크기의 종이 위에 두 줄씩 붙였다. 두서너 날 밤에 걸쳐 그 일을 해낸 제퍼슨은 이 책의 이름을 '마태, 마가, 누가, 요한복음에서 예수의 삶과 말씀을 뽑은 나사렛 예수의 철학'The Philosophy of Jesus of Nazareth, being Extracted from the Account of His Life and Doctrines Given by Matthew, Mark, Luke and John이라 부르고, 다른 사람들에게는 비밀로 했다.

제퍼슨은 1800년 대통령 선거에서 경쟁자들로부터 무신론자atheist 또는 이교도infidel라고 공격을 받았다. 또 때마침 이신론Deist, 자연신교에 관한 글로 유명한 『상식Common Sense』의 저자 토머스 페인Thomas Paine, 1737~1809이 프랑스에서 돌아오면서 비판의 여론이 더 거세지고 있었다. 페인은 기독교는 우화와 같은 것이며 성경은 시적인 기록에 불과하고 아담과 이브의 이야기는 거짓말이라고 주장했다. 이런 상황에서 제퍼슨은 자신의 삶과 믿음에 대해 설명할 필요성이 있었던 것이었다. 제퍼슨은 이렇게 말했다.

"이 책이 내가 진정한 크리스천이라는 증거자료이다. 나는, 다시 말해, 나를 이교도라 하고 스스로를 크리스천이라고 부르는 플라톤주의자플라톤 철학을 성서 이해의 가장 좋은 도구로 삼는 자–옮긴이들과는 매우 다른 예수 교리의 제자다."

1819년 제퍼슨은 다시 이 일을 시작한다. 가짜 추종자들이 만들어놓은 허구적인 예수의 모습을 회복하기에는 앞서 만든 요약본이 단지 예수의 도덕적 가르침만을 담고 있었기 때문이다. 해서 그는 헬라어, 라틴어, 프랑스어, 영어 번역본을 사용하여 도덕적 가르침은 물론이거니와 예수의 행동에 관한 핵심 문장을 뽑아 4줄로 붙여서 '예수의 삶과 도덕'을 만들었다.

이 책에는 성모의 출생이나 오병이어, 기적의 행함, 라자로의 부활, 예수의 육체적 부활 같은 내용은 들어있지 않다. 그래서 나중에 이 책을 발견하고 사들였던 스미스소니언 박물관 사서 시러스 애들러Cyrus Adler의 표현에 따르면, 이 책은 "기적이나 초자연적인 개입이 없는 종교"를 제공한다. 그러면서 이 책에서 다루는 "예수는 특별하지만 신성하지는 않다."

역사가 에드윈 가우스태드Edwin Gaustad도 "만약 도덕적 교훈이

기적 속에 담겨 있다면 교훈은 제퍼슨의 성경에서 살아남지만 기적은 제거된다. 가위나 면도칼로 조심스럽게 잘렸을 때 제퍼슨은 주술사나 신앙요법을 베푸는 사람이 아니라 위대한 도덕 교사로서 예수의 역할을 유지하려고 했다."라고 평가했다.

책의 첫 페이지에 제퍼슨이 손수 쓴 제퍼슨 바이블의 전체 제목은 『그리스어, 라틴어, 프랑스어, 영어 복음서에서 원문대로 뽑은 나사렛 예수의 삶과 도덕』The Life and Morals of Jesus of Nazareth, Extracted Textually from the Gospels in Greek, Latin, French and English이다. 이 책은 빨간 모로코가죽으로 제본을 했고, 제퍼슨이 뒷면에 금분으로 "예수의 도덕"이라는 낱말을 새겨 넣었다.

그럼 이쯤에서 토마스 제퍼슨은 어떤 인물인지 좀 더 자세하게 살펴보자. 제퍼슨 1743년 4월 13일 미국 버지니아 주의 대농장주의 아들로 태어났다. 열네 살 때 아버지를 여의고 졸지에 5천 에이커1에이커는 약 4천m²에 달하는 대농장의 주인이 된다.

1767년 버지니아에 있는 윌리엄앤메리William and Mary 대학에 입학한 제퍼슨은 종교적으로 큰 변화를 겪는다.

당시 미국에서는 이성을 중요시 여기고 개인의 자유를 강조하던 사회적 분위기에 따라 이신론이 성행하고 있었는데, 독립혁명 기간을 통해 대학가에서 큰 호응이 있었다. 제퍼슨이 들어간 윌리엄앤메리 대학은 특히 이신론의 중심지로 꼽혔다. 이 대학은 제퍼슨을 포함하여 매디슨과 먼로를 비롯하여 워싱턴과 애덤스

등 건국 초기 대통령 5명과 직, 간접적 인연이 맺어지는데, 이들의 종교적 성향에 많은 영향을 미치게 된다.

변호사 자격을 취득하고 2년 만인 1769년 버지니아 주 식민지 의회 하원의원이 되면서 정치인의 길에 들어선 제퍼슨은 손꼽히는 문장가여서 버지니아 주 대표로 참가한 제2차 대륙회의에서 1776년 독립선언서 기초위원 5명에 뽑힌다. 그 유명한 문서의 초안은 거의 그의 손에 의해 씌어졌음은 알려진 대로다.

이후 제퍼슨의 인생은 주지사, 연방의회 의원을 지냈고, 프랑스 공사로 프랑스에 주재하던 시절에는 프랑스 혁명을 현장에서 목격하기도 하였다. 프랑스에 머무르고 있었기 때문에 제헌의회에 참가하지 못하였던 그는 잠시 귀국했다가 초대 대통령 워싱턴 정부의 초대 국무장관이 된다. 하지만 정적이었던 재무장관 해밀턴과 사사건건 부딪치다 사임한다. 그를 추종하던 공화파는 오늘날의 민주당이 되고 해밀턴을 추종하던 연방파는 공화당이 된다.

1796년 대통령 선거에 입후보한 제퍼슨은 2위 득표자가 되어, 지금처럼 러닝메이트제가 아니라 2위 득표자가 자동적으로 부통령이 되던 당시의 규정에 따라 부통령이 되었고, 1800년 선거에서 대통령으로 당선된다.

다시 제퍼슨의 종교관으로 돌아가보자. 그는 영국국교회 신부로부터 유아세례를 받았을 정도로 어머니와 교구 신부들로부터 종교교육을 받으며 자랐다. 그러다 대학 시절, 평신도 교수였던 윌리엄 스몰William Small의 영향을 받았다. 계몽주의에 눈 떴던 것이다. 아울러 이신론에도 관심을 가졌다. 이신론자들은 인간의 이성에 부합하지 않는 기독교의 가르침이나 신앙에 대해서 의문을 제기한다. 종교적인 진리의 신빙성을 증명하는 최상의 기준을 이성에 두었다. 처녀 탄생, 부활을 믿지 않았다. 물론 자신의 사상이 이신론으로 바뀌었음에도 제퍼슨은 공식적으로 신앙을 배격하지는 않았다. 그래서 그는 자신의 종교관을 대외적으로 공개하지는 않고 다만 친구들에게 다른 사람들에게 말하지 말라고 당부하고는 말하였다고 한다. 그래서 대통령에 출마했을 때 무신론자라는 공격을 받았던 것이다.

제퍼슨이 비밀로 했던 이 책은 그가 죽은 후에 가족들이 찾아내어 당시 유일하게 살아있던 딸 마르타 제퍼슨 랜돌프Martha Jefferson Randolph 가문에서 소장하면서 아들 토머스 제퍼슨 랜돌프Thomas Jefferson Randolph에게 전해졌다. 1858년 그의 전기작가 헨리 랜달Henry S. Ranall에 의해 처음으로 대중들에게 존재 사실이 알려진 이후 제퍼슨의 후손에서 후손으로 전해지다가 1895년 스미스소니언의 사서인 시러스 애들러Cyrus Adler가 제퍼슨이 사용했던 잘린 영어 바이블을 우연히 만나면서 이 바이블의 존재를 알게 되었다.

애들러는 제퍼슨의 외증손녀인 캐롤리나 랜돌프Carolina Randolph에게서 400달러를 주고 이 바이블을 샀다. 그리고 공화당

의원인 존 레이시John Lacey가 1904년에 의회를 위해 인쇄하도록 조치하면서 50년 동안 의회에 등단하는 새 의원들에게 이 제퍼슨 바이블을 선물하는 전통이 만들어졌다.

제퍼슨은 이 책에서 인간이 자신의 평안을 얻으려고 얼마나 자신의 열정을 다스릴 수 있느냐에 초점을 맞추는 소크라테스 같은 철학자와 달리 예수는 사람들을 보다 넓은 전체와 연결하는데 초점을 맞춘 인물이라고 생각했었다. 초기 유대인들이 지방의 부족처럼 생각하고 행동했지만 예수는 이웃사랑의 원칙을 사랑, 자선, 평화, 공통의 관심사, 공통의 도움의 묶음 아래 모두를 한 가족으로 모으는 모든 인류에게로 확장했다고 보았던 것이다.

하지만 그의 이 책을 접한 친구들은 하나같이 보여주지도, 토론하지도, 출판하지도 말라고 경고했다. 그래서 제퍼슨은 그들의 충고를 따른다.

지금 우리가 만나는 제퍼슨 바이블은 이런 역사적 배경을 간직하고 있다. 그런데 2013년 미국 인본주의협회AHA, The American Humanist Association에서 '21세기를 위한 제퍼슨 바이블'을 만들어 버락 오바마 미국 대통령을 비롯하여 미 의회 의원들에게 전달하였다고 외신이 전한 바 있다. '제퍼슨 바이블'이 다시 사람들 속으로 돌아온 것이다.

나는 '제퍼슨 바이블'은 기독교신자보다는 나 같은 비신자가 읽어야 한다는 생각이다. 물론 예수를 믿는 크리스천들이 읽는다면 또 다른 예수를 만나게 될 것이다. 비신자나 무신론자에게 이 책은 선입관으로 다가가기 어렵던 진정한 인간 예수와 만나는 기회가 될 것이기 때문이다. 예수는 크리스천만이 만나는 인물은 아니다. 역사적 인물이라는 사실 앞에서 누구나 만나야 하는 보편적 가치를 지닌 인간이자 사람의 아들이다.

그런 점에서 나는 우리말로 옮기면서 문장투에 가장 많은 신경을 썼다. 기독교인들이 보는 성경은 극존칭으로 표현되어 있다. 신자 입장에서는 자신들이 믿는 예수 그리스도에 대한 지극한 예우 차원의 극존칭은 당연할 수 있다. 그러나 비신자들은 이런 극존칭적 표현이 오히려 다가가기 어렵게 만드는 요인이라고 생각한다. 보다 인간적인 면을 생각한다면 쉽게 소통하게 하는 어투가 친밀감이 있지 않을까 싶다.

또한 예수가 쓰던 당시의 아람어엔 존칭이 없다고 한다. 그렇다면 우리나라에서 번역되면서 극존칭을 사용했다는 것이므로 그 표현들을 다소 낮추는 것도 의미 있다는 생각이 들었다. 특히 나는 예수가 제자들에게 말할 때도 반존칭으로 번역했다. 교양 있는 지도자라면 제자라고 해서 함부로 대하지는 않을 것이라는 생각에서다. 다만 68쪽 예수가 제자들을 둘씩 보내며 '명령'하는 대목에서부터는 반말투로 옮겼다. 예수와 제자 사이의 관계가 하나의 '도반'을 넘어 명실상부한 '사제'가 되었다는 생각에서다. 아울러 2인칭을 번역할 때 일반 사람들은 '당신', 제자들은 '그대'라고 다르게 표현했다.

그리고 이 책은 중간중간 연결이 매끄럽지 못하다. 가령, 19쪽에 보면 "예수가 막 서른 살이 되었다"(누가복음 3장 23절) 다음에 뜬금없이 "이 일이 있은 뒤…"(요한복음 2장 12절) 로 이어진다. 그런데 '이 일'은 앞의 누가복음 3장 23절로 설명이 되지 않는다. 좀 생뚱맞다. 하지만 이건 제퍼슨이 4대 복음서에서 필요한 부분을 오려서 자기 방식으로 연결했기 때문이다. 불가피하다. 해서 나는 옮긴이 주를 통해 최대한 생뚱맞지 않도록 해놓았다.

제퍼슨 바이블을 우리말로 옮기겠다고 나선 용기가 만용이었음을 알기에는 많은 시간이 필요하지 않았다. 또한 늘 접하는 성경구절들이 이미 내 마음에 고정관념처럼 똬리를 틀고 있어서 이걸 떨치는 것도 무척 힘들었음을 고백한다.

나는 어떤 종교도 믿지 않은 비신자이다. 무신론자인지는 아직 명확하지 않다. 내 자신도 거기에 대한 확신이 없기 때문이다. 다만 최근의 지적 호기심이 그 분야로 집중되고 있음은 부인하지 않겠다. 무신론이든 유신론이든, 또 예수든, 붓다든, 공자든, 마호메트든 이들과 관련한 책들이 나의 독서목록에서 우선순위를 차지한다. 물론 내 입장을 명확하게 정리하려는 의도가 담긴 독서는 아니다. 그런 점에서 예수에 관한 관심사도 거기에 닿아있다.

이제 이 책이 세상으로 나간다. 필요에 의해 일부분은 의역으로 처리했음을 밝힌다. 신자들에게는 낯설게 느껴질 수 있겠지만 비신자를 위한 문장이라고 너그러이 보아주면 좋을 듯 싶다. 번역이 매끄럽지 못해 진정한 예수의 삶과 도덕을 전하지 못하는 것은 순전히 옮긴이의 몫이다. 독자들의 번역상의 문제와 오류를 지적해주면 다음 쇄를 찍을 때 적극 반영하겠다.

2016년 5월

옮긴이 조성일

지은이 **토머스 제퍼슨**(Thomas Jefferson, 1743~1826)

1743년 4월 13일 미국 버지니아 주에서 대농장주의 아들로 태어나 윌리엄앤메리대학을 졸업했다. 변호사 자격을 취득한 후 버지니아 주 자치의회 의원으로 당선돼 정계에 입문했다. 1차(1774년)에 이어 2차 대륙회의(1776년)에 주 대표로 참석하였고, 《독립선언서》 초안 작성 위원 5인 가운데 한 명으로 뽑혀 문장가로서의 재능을 유감없이 발휘했다. 버지니아 주지사, 미 연방의회 의원, 프랑스주재 공사를 거쳐 워싱턴 정부의 초대 국무장관이 되었다. 1796년 선거에서 존 애덤스에게 져서 부통령을 지내다 1800년 선거에서 승리하여 미국 3대 대통령이 됐다. 대통령 선거 과정에서 무신론자가 아니냐는 비판에 직면하기도 했다. 1826년 7월 4일 버지니아 주 몬티첼로에서 사망했다.

옮긴이 **조성일**

진정한 저널리스트가 되길 꿈꾸며 두서너 군데 신문사와 잡지사를 다녔고, 『자치통감』 한글완역본 출간 작업에 참여했다. 지금은 출판평론가로 활동하며 역사인물과 관련된 책을 집필하고 있다. 지은 책으로는 『미국학교에서 가르치는 미국역사』『기형도 시세계로 만나는 광명』『청춘, 착한기업 시작했습니다』(공저) 등이 있다.